VINTAGE
Coloring Book
& Word Search

THUNDER BAY
P · R · E · S · S
San Diego, California

Thunder Bay Press
An imprint of Printers Row Publishing Group
10350 Barnes Canyon Road, Suite 100, San Diego, CA 92121
www.thunderbaybooks.com

Printers Row Publishing Group is a division of Readerlink Distribution Services, LLC. The Thunder Bay Press name and logo are trademarks of Readerlink Distribution Services, LLC.

All notations of errors or omissions should be addressed to Thunder Bay Press, Editorial Department, at the above address. All other correspondence (author inquiries, permissions) concerning the content of this book should be addressed to
North Parade Publishing Ltd
4 North Parade
Bath
BA1 1LF
www.nppbooks.com

Thunder Bay Press
Publisher: Peter Norton
Publishing Team: Lori Asbury, Ana Parker, Laura Vignale, Kathryn Chipinka
Editorial Team: JoAnn Padgett, Melinda Allman, Traci Douglas
Production Team: Jonathan Lopes, Rusty von Dyl

ISBN: 978-1-62686-873-1

Printed in China.

20 19 18 17 16   1 2 3 4 5

Clint Eastwood

```
O  V  B  W  W  S  U  P  T  I  G  H  T  R  O  P  E  G  K  T
S  D  R  R  V  P  S  P  A  L  E  R  I  D  E  R  P  R  A  W
C  K  D  Q  H  L  W  I  C  R  A  W  H  I  D  E  E  Q  Y  E
A  K  A  N  T  I  H  E  R  O  R  T  G  G  R  P  C  Q  Y  A
R  F  F  L  Y  J  D  Q  E  E  S  I  U  O  I  S  A  F  F  W
P  R  O  D  U  C  E  R  T  V  M  H  T  N  S  V  L  J  J  M
T  O  T  N  U  Z  D  F  T  A  J  C  S  C  Z  M  I  H  I  Y
Q  Y  N  I  G  I  A  B  L  N  E  N  Y  H  H  A  F  F  A  S
V  F  P  J  P  E  D  C  C  R  A  Y  C  A  F  R  O  D  T  T
P  I  Q  P  R  W  Z  F  I  C  V  M  O  N  B  U  R  Q  E  I
M  R  I  E  O  U  I  D  I  T  U  E  J  G  D  T  N  N  H  C
G  E  H  W  L  I  C  R  D  L  R  T  B  E  O  T  I  H  A  R
J  F  G  V  K  A  E  L  X  J  Z  S  S  L  T  M  A  W  M  I
C  O  Q  Q  P  M  H  A  N  G  E  M  H  I  G  H  W  M  A  V
B  X  E  O  A  E  Q  G  Y  R  U  R  Y  N  E  X  U  P  A  E
S  A  N  F  R  A  N  C  I  S  C  O  Y  G  G  N  H  F  F  R
Z  Z  R  W  B  H  U  N  F  O  R  G  I  V  E  N  M  R  E  Y
S  J  N  W  Z  U  U  R  P  O  L  I  T  I  C  I  A  N  O  M
Q  T  K  K  I  I  M  A  V  E  R  I  C  K  Q  V  Q  W  A  P
V  A  C  T  O  R  S  L  X  A  Y  O  M  A  Y  O  R  E  W  H
```

OSCAR	PRODUCER	ACTOR	SAN FRANCISCO
DIRECTOR	UNFORGIVEN	POLITICIAN	MYSTIC RIVER
AMERICAN SNIPER	ANTI-HERO	CALIFORNIA	TEHÀMA
MAVERICK	FIREFOX	RAWHIDE	
PALE RIDER	MAYOR	HANG 'EM HIGH	
CHANGELING	TIGHTROPE	HEREAFTER	

California Lakes

```
A  H  R  C  T  R  Z  I  S  A  B  E  L  L  A  M  A  A  H  E
S  L  F  W  H  O  E  H  M  X  V  Q  H  O  L  S  N  T  A  I
H  T  M  Z  U  R  Y  A  W  I  H  E  I  N  E  K  A  B  F  J
A  N  F  A  U  K  R  L  G  Z  L  A  A  N  O  M  W  W  F  D
S  K  Q  L  N  R  K  Z  K  T  K  L  O  R  A  T  I  L  P  Q
T  T  C  D  A  O  U  I  A  K  I  L  E  L  L  T  O  V  A  Z
A  C  C  Z  A  Q  R  L  V  W  E  V  K  R  Z  H  A  L  Q  S
M  H  O  N  E  Y  F  L  B  M  C  R  E  K  T  N  U  H  A  H
X  A  B  B  F  E  L  K  W  T  E  G  K  U  T  O  I  K  O  U
Z  G  Q  E  N  U  F  E  Y  W  G  W  S  Q  R  X  N  S  W  E
H  G  N  I  R  Q  N  H  O  N  N  A  I  P  S  T  Z  M  A  K
G  I  P  A  U  R  A  L  H  A  V  R  C  G  P  I  C  F  A  A
X  W  T  O  C  H  Y  E  M  A  P  Y  R  E  E  A  X  H  T  R
H  F  R  R  R  I  M  E  H  A  E  M  S  C  M  A  H  N  D  F
J  T  S  O  I  S  M  W  S  L  Y  O  S  L  W  M  G  W  P  O
D  A  C  V  T  N  S  I  W  S  O  C  R  E  Z  V  O  L  I  L
H  B  A  I  Y  N  I  O  E  G  A  A  L  A  Z  H  Y  N  E  S
D  R  S  L  W  J  R  T  P  N  U  C  L  R  Q  R  P  Q  O  O
T  I  J  L  V  C  Z  I  Y  R  T  I  P  S  J  O  F  J  A  M
F  R  Z  E  I  J  R  F  S  G  Z  O  U  T  U  L  E  S  Q  L
```

MILLERTON	MONO	OROVILLE	FOLSOM
HAVASU	HONEY	EARL	LOWER KLAMATH
CLEAR	ALMANOR	TAHOE	TRINITY
CROWLEY	GOOSE	MCCLURE	EAGLE
BERRYESSA	ISABELLA	TULE	SHASTA
NEW MELONES	NACIMIENTO	PINE FLAT	

Largest Cities in Utah

```
T  A  Y  L  O  R  S  V  I  L  L  E  S  M  W  P  K  D  E  M
Y  T  X  B  S  P  R  I  N  G  V  I  L  L  E  Q  R  I  S  N
S  A  L  T  L  A  K  E  C  I  T  Y  J  P  X  P  R  O  U  U
M  F  D  S  Y  N  Y  A  R  R  L  M  N  C  Q  L  S  O  V  P
L  M  Q  C  V  I  P  E  Y  U  N  T  P  H  O  B  O  N  R  O
U  W  L  F  T  M  X  K  F  R  I  V  E  R  T  O  N  G  Z  K
M  E  P  D  B  E  O  I  O  V  Y  R  J  E  H  N  C  U  A  H
S  S  C  V  U  P  T  N  S  T  O  B  T  H  N  Q  S  M  B  N
E  T  C  E  F  N  H  T  I  O  Y  T  O  G  D  E  N  D  K  S
C  J  H  R  U  Q  K  C  M  D  U  Y  D  O  T  X  D  H  L  P
M  O  E  O  A  T  R  S  N  Q  L  T  F  R  P  H  V  V  P  A
I  R  B  O  P  A  S  A  Z  S  Z  Q  H  N  I  M  K  C  H  N
D  D  N  Q  D  A  S  L  U  I  X  Z  O  J  I  U  Q  R  Y  I
V  A  C  E  W  Q  S  D  M  N  S  T  A  C  O  R  L  A  V  S
A  N  C  T  O  O  E  L  E  L  Y  R  Q  D  M  R  V  T  L  H
L  J  K  L  V  E  T  S  E  A  C  I  O  E  V  A  D  B  L  F
E  R  R  D  V  E  Q  O  L  F  T  Z  R  Y  I  Y  F  A  O  O
K  W  S  G  P  D  Q  A  P  L  F  O  J  H  D  J  L  M  N  R
E  N  X  W  F  B  R  J  R  G  O  L  E  G  T  A  R  P  S  K
X  F  W  O  D  R  A  P  E  R  F  L  M  A  K  V  D  T  H  Q
```

OUTH JORDAN	DRAPER	SPANISH FORK	SANDY
RIVERTON	ROY	MIDVALE	CEDAR CITY
BOUNTIFUL	TOOELE	MURRAY	SPRINGVILLE
OGAN	OGDEN	PROVO	
OREM	TAYLORSVILLE	WEST JORDAN	
EHI	LAYTON	SALT LAKE CITY	

Benjamin Franklin

```
O  T  J  E  D  B  I  F  O  C  A  L  S  L  K  T  Y  A  O  I
D  F  K  S  F  R  M  P  X  J  O  P  J  E  S  G  R  U  T  N
O  R  X  S  T  A  T  E  S  M  A  N  H  H  B  S  L  T  F  V
M  A  P  O  O  R  R  I  C  H  A  R  D  O  E  T  E  H  R  E
E  N  O  E  L  E  C  T  R  I  C  I  T  Y  R  X  I  O  E  N
T  K  Z  I  B  Y  H  X  M  Q  C  E  D  R  B  I  C  R  E  T
E  L  M  F  G  L  R  U  Y  R  J  R  P  Q  O  T  S  H  M  I
R  I  B  Y  O  A  G  M  T  T  Y  O  M  H  S  Q  K  M  A  O
E  N  C  L  B  U  H  P  S  C  H  L  E  P  T  Y  J  R  S  N
F  S  V  I  I  E  N  I  O  D  H  M  I  R  O  W  B  H  O  S
P  T  J  J  O  G  T  D  K  L  I  I  P  B  N  L  A  J  N  D
N  O  Q  U  Y  N  H  V  I  W  Y  P  N  A  R  C  I  E  E  B
N  V  V  S  E  H  I  T  E  N  H  M  L  S  L  A  V  T  W  H
X  E  D  I  W  X  G  P  N  A  G  N  A  O  O  L  R  R  I  D
M  A  C  G  Z  I  Q  A  R  I  Y  F  M  T  M  N  X  Y  Y  C
P  S  B  D  Q  P  M  O  Z  I  N  X  A  Y  H  A  D  J  T  Z
Q  Q  D  N  X  R  B  F  Z  O  N  G  U  T  L  O  T  B  L  F
C  K  I  T  E  E  K  S  I  Z  I  T  R  H  H  B  L  X  R  L
V  P  O  F  D  I  O  V  Z  N  S  J  E  O  X  E  J  I  L  D
U  P  H  Y  S  I  C  S  A  E  S  G  G  R  D  H  R  Q  Y  G
```

SCIENTIST	POLITIC	AUTHOR	FRANKLIN STOVE
ELECTRICITY	SWIM FINS	LIGHTNING ROD	DIPLOMAT
HUTCHINSON	BIFOCALS	ODOMETER	PHYSICS
APHORISMS	LIBRARY	KITE	INVENTIONS
FOUNDING FATHER	DEBORAH	POLYMATH	FREEMASON
BOSTON	POOR RICHARD	PRINTER	STATESMAN

Maiden Names of US First Ladies

```
A  E  D  F  E  A  E  N  M  L  K  Q  H  Z  E  B  T  Y  G  U
B  B  R  L  C  R  W  H  K  L  X  L  P  A  Q  T  A  V  H  N
H  R  B  E  O  Q  I  Q  J  G  W  P  I  E  R  C  E  E  I  Y
V  U  L  A  R  O  B  I  N  S  O  N  N  R  I  Y  K  C  F  C
J  A  O  S  F  D  A  L  G  B  O  U  V  I  E  R  O  W  T  H
T  X  O  D  K  Y  A  S  B  G  I  D  O  U  D  S  R  L  N  I
R  S  M  F  P  N  W  N  D  L  Q  E  Z  H  E  M  T  X  J  L
U  O  E  R  A  W  G  B  D  X  R  G  N  M  E  C  R  H  X  D
D  N  R  Y  G  R  A  V  Y  R  T  O  M  C  H  E  I  Q  M  R
O  U  R  M  P  G  D  L  T  F  I  Y  D  L  G  D  G  U  X  E
L  J  W  V  Q  K  Z  S  L  G  S  D  R  H  X  Z  H  J  T  S
P  K  L  I  N  G  X  H  D  A  W  E  G  H  A  D  T  M  Q  S
H  A  S  C  Z  G  J  A  C  R  C  A  P  E  O  M  E  G  S  I
E  P  A  H  C  F  A  R  S  D  Q  E  Z  L  I  W  K  N  R  Q
I  P  X  E  U  M  M  R  C  I  M  C  C  A  R  D  L  E  T  Y
D  L  T  R  F  Y  J  I  W  N  P  A  G  O  O  D  H  U  E  K
E  E  O  R  O  R  X  S  E  E  X  W  Z  D  W  R  T  V  D  C
S  T  N  O  N  T  I  O  L  R  V  O  U  I  R  T  L  W  R  V
L  O  S  N  G  Q  H  N  C  X  N  F  T  M  I  P  E  C  L  H
E  N  E  V  Y  M  R  N  H  H  A  E  A  M  B  S  I  N  K  O
```

DOUD	MCCARDLE	AXSON	SAXTON
RUDOLPH	RODHAM	ROBINSON	APPLETON
DANDRIDGE	GOODHUE	KORTRIGHT	PIERCE
GARDINER	HERRON	CHILDRESS	BLOOMER
WELCH	KLING	RYAN	HARRISON
SYMMES	WALLACE	BOUVIER	DENT

Basketball Stars

```
Y  G  P  G  Q  O  J  X  M  V  E  U  X  A  Q  X  A  K  Y  J
D  B  R  N  G  J  C  A  F  A  I  A  I  U  K  H  A  A  D  N
R  O  L  N  T  F  K  T  B  W  R  H  T  G  G  D  K  H  U  V
X  N  O  E  A  T  M  C  H  A  M  B  E  R  L  A  I  N  N  B
B  G  N  L  J  H  B  O  S  H  R  M  U  X  Z  B  I  M  C  U
O  X  E  N  K  F  H  R  L  K  C  T  G  R  Z  B  G  K  A  A
Z  X  A  B  B  E  N  K  M  A  H  M  B  Q  Y  I  Y  W  N  F
W  K  L  J  P  B  W  E  B  B  E  R  R  H  N  R  C  J  T  G
I  I  J  N  T  J  N  R  L  O  V  Z  Z  I  A  D  H  N  U  B
X  D  H  T  X  C  N  O  W  I  T  Z  K  I  Q  H  A  S  R  Z
A  D  O  F  B  J  L  K  T  Z  J  D  D  M  U  Y  P  A  Q  O
A  Y  W  O  H  T  Q  F  N  O  O  I  D  V  R  A  V  U  A  K
A  W  A  K  M  G  N  D  L  K  R  H  A  B  X  E  W  Y  V  I
K  Y  R  T  E  O  Z  G  M  N  D  P  L  N  L  A  D  T  N  R
D  Z  D  D  S  U  Y  U  U  V  A  Z  R  O  T  F  L  O  Y  I
J  W  A  N  I  Q  U  S  T  N  N  M  S  S  I  H  S  X  R  L
C  W  H  X  X  P  E  N  O  J  Q  A  R  D  U  R  O  Q  X  E
S  O  L  T  S  M  C  Z  M  D  G  A  I  A  E  J  Z  N  U  N
J  W  M  N  A  E  J  E  B  G  H  C  W  V  U  M  M  L  Y  K
P  G  C  J  N  Z  N  G  O  R  Q  F  I  U  R  O  V  A  O  O
```

NOWITZKI	O'NEAL	IVERSON	KIRILENKO
JABAR	BRYANT	WEBBER	CHAMBERLAIN
DUNCAN	WADE	BOSH	BIRD
MARBURY	JORDAN	JAMES	
MUTOMBO	KIDD	JOHNSON	
GASOL	HOWARD	ANTHONY	

Famous Monuments and Landmarks

```
I  V  C  G  R  E  A  T  S  P  H  I  N  X  V  C  T  N  C  L
M  A  Q  K  D  C  J  A  N  I  A  G  A  R  A  F  A  L  L  S
C  E  F  I  R  X  E  O  M  A  C  H  U  P  I  C  C  H  U  H
M  O  U  N  T  E  V  E  R  E  S  T  S  B  D  L  A  U  W  I
P  Y  E  S  R  R  M  U  D  D  U  U  U  H  X  E  H  Z  A  I
N  H  F  R  V  N  K  L  P  E  T  R  A  L  X  M  Q  V  C  X
K  L  S  G  A  Q  L  S  I  I  C  N  M  G  U  I  G  S  R  O
F  O  K  V  E  S  J  M  Y  N  B  I  M  E  L  R  G  T  O  D
H  C  E  M  O  Z  K  O  Q  W  H  Y  S  Z  V  E  U  O  P  L
G  H  E  A  R  U  J  C  Q  O  V  S  Z  B  U  I  A  N  O  J
G  N  M  N  Q  K  T  U  Y  S  O  E  N  I  B  F  V  E  L  H
A  E  R  N  S  G  V  K  A  L  E  M  Q  T  I  F  Q  H  I  U
C  S  R  E  E  J  D  U  O  T  X  O  S  Q  T  E  F  E  S  Y
U  S  B  K  G  U  S  C  Z  A  N  J  B  S  W  L  S  N  L  B
E  I  G  E  H  A  A  N  G  K  O  R  W  A  T  T  L  G  Q  I
E  F  J  N  B  U  G  R  A  N  D  C  A  N  Y  O  N  E  C  G
R  O  H  P  Q  J  P  A  R  K  G  U  E  L  L  W  J  X  E  B
B  W  F  I  O  G  G  G  D  Y  S  I  H  Y  P  E  I  J  F  E
M  P  P  S  T  A  J  M  A  H  A  L  N  K  R  R  F  Y  Z  N
W  C  H  I  C  H  E  N  I  T  Z  A  I  I  T  M  K  Q  R  Y
```

EIFFEL TOWER
MACHU PICCHU
MANNEKEN PIS
GRAND CANYON
CHICHENITZA

ACROPOLIS
KREMLIN
STONEHENGE
MOUNT EVEREST
TAJ MAHAL

BIG BEN
LOCH NESS
PETRA
NIAGARA FALLS
ULURU

ANGKOR WAT
COLOSSEUM
PARK GÜELL
GREAT SPHINX

George Washington

```
P  V  C  O  V  I  R  G  I  N  I  A  Q  X  F  F  J  V  R  C
K  T  L  O  P  M  O  W  V  A  L  L  E  Y  F  O  R  G  E  Y
J  E  C  W  M  R  O  Q  P  M  K  Z  S  N  C  B  D  Y  Q  T
V  V  H  C  Y  M  J  U  F  Q  C  O  L  O  N  I  E  S  Q  H
B  K  E  A  T  R  A  Y  N  Q  P  I  U  M  Z  R  K  C  T  M
V  C  R  B  E  I  Y  N  E  T  G  M  D  W  E  F  M  Z  H  S
F  R  R  I  L  E  T  E  D  I  V  V  L  H  K  F  A  F  I  B
I  E  Y  N  E  E  R  V  Q  E  M  E  T  P  T  D  R  M  R  A
R  V  T  E  A  F  E  Y  V  H  R  A  R  S  D  E  H  M  T  T
S  O  R  T  D  J  A  Q  P  G  F  W  E  N  O  Y  A  A  E  R
T  L  E  S  E  S  T  H  V  G  R  N  E  R  O  B  J  S  E  O
P  U  E  Y  R  G  Y  E  N  E  O  J  S  U  M  N  J  F  N  O
R  T  U  S  R  S  E  I  T  H  Q  A  H  U  M  R  O  L  C  P
E  I  X  T  I  R  D  N  W  D  O  L  L  A  R  I  H  K  D  S
S  O  E  E  O  N  A  U  G  Y  M  M  D  V  F  X  N  I  K  S
I  N  A  M  U  L  P  I  A  X  D  N  O  P  Q  M  A  X  H  I
D  G  R  O  P  L  K  G  G  R  E  S  D  I  O  I  D  F  W  T
E  X  F  D  E  L  A  W  A  R  E  R  I  V  E  R  A  X  J  G
N  X  G  J  L  V  Z  B  I  W  I  Q  C  A  C  N  M  G  J  E
T  L  P  H  I  L  A  D  E  L  P  H  I  A  B  I  S  T  Q  R
```

VIRGINIA	DELAWARE RIVER	FIRST PRESIDENT	PHILADELPHIA
MOUNT VERNON	JOHN ADAMS	HONEST	DOLLAR
PLANTER	COLONIES	FOUNDING FATHER	CHERRY TREE
VALLEY FORGE	TROOPS	CABINET SYSTEM	
JAY TREATY	LEADER	THIRTEEN	
MARTHA	REVOLUTION	COMMANDER	

Towns in Quebec

```
M H I E C H A M B L Y F G H P M G T J E
I A T O S A I N T   E U S T A C H E E X
R H L X I E W W Y L V M A S C O U C H E
A R K U T X R A D A G A T I N E A U D B
B F W H M A N R L V W Z K Q I P Q B R D
E V Z K M E A I B A G X T L S T P M U G
L L A L U S U B L L E X T G H D Q O M N
Q U A G S E J T A P F A S V E X U N M Q
Z Y A O U M Y E I J R B H I R S V T O V
C S R G R E P R N S E O A C B L A R N A
S B N N I F Q R V H P I W T R L U E D R
X O Z K M S I E I Z E S I O O Y I A V E
L X T Z O X R B L L N B N R O V A L I N
E R D I U H W O L U T R I I K I P H L N
N F O Z S A L N E Y I I G A E L E H L E
L C Q I K V P N G N G A A V B C O F E S
T S O B I O I E J D N N N I P W J E W K
Q U V U C G X S P T Y D I L V G K X V Q
R N F S B N B F D Y O H U L G R A N B Y
Z X P U S S B P K Q I T L E P E J K U A
```

VARENNES	ALMA	BROSSARD	SAINT EUSTACHE
SHAWINIGAN	BOISBRIAND	MIRABEL	LAVAL
LONGUEUIL	VICTORIAVILLE	DRUMMONDVILLE	SHERBROOKE
SAGUENAY	CHAMBLY	MONTREAL	BLAINVILLE
MASCOUCHE	RIMOUSKI	GATINEAU	
REPENTIGNY	GRANBY	TERREBONNE	

America's Cup

```
V U N N N R F J V C O L U M B I A T P S
E I P V P I X D A T F X I L U E R Z H N
D F R E E D O M L C H A L L E N G E R D
I Q Q V H W F B E M D E F F E N D E R X
G V M C L V A O N P F M X R H C J G K W
J N F Z E B H B C G J A U C K L A N D O
S D P J Q R V M I S K B I N T R E P I D
A Y W Z M P D C A Y T R O P H Y K N V T
I B A T A F B B H I R E S O L U T E K V
L M A F Y R E L I A N C E L I B E R T Y
I C S A F A P K K R I H R Y L U W V H S
N F P I L M T J O V K V D Y V R P W W S
G R O W O E N I Z H Z H O A L I N G H I
R E G Z W R L E D V S V K C B P U P K F
L M O A E I C D W X Y W L H V E L C D T
R A V Z R C R G C P N Z Y T Y A N S Q Y
X N B M Y A E Q V C O M H S Y Q S B U L
T T R A I N B O W P L R A N G E R K W N
Y L V N E W Y O R K L W T W Z O N X M P
K E K T A G W M O V C H V I G I L A N T
```

RELIANCE	NEWPORT	CHALLENGER	ALINGHI
MAYFLOWER	RANGER	LIBERTY	TROPHY
VIGILANT	COLUMBIA	AUCKLAND	NEW YORK
YACHTS	VALENCIA	INTREPID	RAINBOW
DEFFENDER	AMERICA	SAILING	
RESOLUTE	FREEDOM	FREMANTLE	

Alaskan Cruise

```
G Z D A Y T R I P H Z Y K A W Q A P J N
G F W L E K F D Q T O U R G U I D E Y W
O R K T U G S K V A K C Z J S N A F E A
V N N C T K U K T U N D R A N X U S A N
L R W Z L I G L T D F A I R B A N K S A
R O D A C R D L F F D L R J E M F W S T
O Q W N A T U R E O E C C N X U I N I I
A N C H O R A G E T F M K I V R S B Y O
W I L D L I F E S I Q A B K I I H E W N
N I N W M A T L E O J H L P L R I X E A
M L N Y V V L T M X S V I A O U N G W L
Y C K H K E P H T Q A R N Y S E G K F P
W I K I G E T X H P T E S S B K C Q G A
T X E N N E N A M D D R H L T X A S L R
N N A T M S E A N S A O M C X C G A A K
E R V S G X I U I E Z V N S I N A N C S
W Z H Z T F O R B H S L T N H L P D I M
Z C O X I R P C D I I B E R H I L W E E
E X C U R S I O N S V C W S U O P E R R
O W I L D E R N E S S J J V C C U P N K
```

GULF OF ALASKA	ANCHORAGE	WALKS	BEARS
ROUND TRIP	DENALI	FISHING	TOUR GUIDE
SCENIC	SHIP	WILDERNESS	EXCURSIONS
WILDLIFE	NATIONAL PARKS	GLACIER	DAY TRIP
FAIRBANKS	COLD	NATURE	
KENAI	TUNDRA	WRANGELL ST. ELIAS	

Islands of the World

```
Y M K B N U X S L H N E A E F U O K H P
T H R Z H L M A E I E Q D D D O E R J C
C Q S E R A M N H A L M A H E R A P H R
U M M J N X U T Y R B Q E Q P J C C N K
H D N O K H C I P Y L R U A E C H I T B
U F B K S Z I A J B B Y B Z L K A C A X
M M K J B Y U G I U A J O G E L B B H N
A I P H J K N O T S C M E B N L M N A L
L Y A N V L X X J H J S A G G E J C M C
T V D U J L K R O R U U E O P X A Q Q O
A J E B Q U D Q L O I N T Y B R F W L R
X C U A A P Q D O D I K A A I O U R J S
P V X S M M O W R L E Q U E B V Z T X I
E P I I C S C C A H T G D R T L U L K C
E B F L C N B H R Q K A I U A C A P Z A
V M E A L U K U V H M D X J K R Q S C K
K O U N L A P P T A R D S A N D W I P S
H N A O S C O D S O O Z B I N T A N F S
L A P A O Y K Z P A N B A L Q V A F V R
J U N Z W O C L S U Z R A S F U N E N C
```

SAKHALIN	SERAM	BINTAN	EUBOEA
JOLO	PEMBA	CORSICA	TABLAS
BUTON	SANDWIP	SANTIAGO	UPOLU
FUNEN	MALTA	MADEIRA	PELENG
AMBON	BASILAN	BUSHROD	HALMAHERA

The Grand Canyon

```
E  S  S  T  R  A  T  A  F  Q  O  H  V  F  G  X  N  N  R  D
E  L  M  A  R  B  L  E  C  A  N  Y  O  N  J  D  W  F  G  N
A  T  F  P  S  A  N  D  S  T  O  N  E  U  O  N  E  W  R  X
L  B  S  C  H  I  S  T  I  L  J  E  R  P  C  E  D  T  I  I
A  F  R  M  B  E  X  S  P  Y  L  U  N  G  E  O  L  O  G  Y
R  C  G  T  J  B  A  L  F  T  I  G  B  U  Q  G  L  G  I  Q
G  K  O  B  O  Z  S  G  H  R  O  C  K  F  A  L  L  S  Q  F
E  J  O  L  X  U  H  E  L  I  C  O  P  T  E  R  T  O  U  R
S  U  Y  N  O  J  R  S  A  E  P  B  C  A  G  S  V  J  F  N
I  X  N  S  D  R  M  I  L  E  R  D  P  L  L  O  G  V  I  N
Z  F  O  I  T  U  A  O  S  I  W  O  T  D  L  U  R  H  S  A
E  G  B  Y  T  E  B  D  H  M  M  U  C  Z  R  T  V  U  S  R
B  R  R  W  C  E  E  X  O  A  B  E  Q  K  U  H  F  A  U  I
U  X  V  A  A  G  D  P  I  R  V  B  S  B  V  R  H  L  R  Z
Q  Q  E  K  N  L  T  S  S  P  I  E  B  T  V  I  N  A  E  O
C  P  S  M  T  I  L  L  T  I  O  V  P  L  O  M  O  P  L  N
N  E  H  F  S  Z  T  S  D  A  D  O  E  O  F  N  L  A  P  A
H  H  A  X  Y  X  B  E  I  R  T  E  Q  R  I  K  E  I  M  E
N  C  L  C  H  A  N  N  E  L  S  E  S  R  H  N  O  F  T  D
R  G  E  H  X  Z  H  A  N  N  M  D  S  V  T  A  T  U  R  C
```

HELICOPTER TOUR	LIMESTONE	MOHAVE POINT	EAGLE ROCK
WALLS	SCHIST	LARGE SIZE	ROCKFALLS
COLORADO RIVER	UNITED STATES	SOUTH RIM	SHALE
CHANNELS	GEOLOGY	MARBLE CANYON	HUALAPAI
GRANITE	ARIZONA	SANDSTONE	FISSURE
STRATA	STEEP SIDES	TOURISM	

Hawaii

```
T  E  T  Q  G  T  U  M  S  S  N  O  R  K  E  L  L  I  N  G
T  X  Y  P  N  A  C  A  L  O  H  A  S  T  A  T  E  U  H  H
O  A  H  U  K  Z  R  N  Y  C  P  J  T  P  E  C  Y  W  Q  R
A  K  I  H  D  C  T  C  W  W  R  U  L  F  A  W  F  M  E  Q
M  R  T  O  O  H  Y  I  H  W  C  H  S  L  T  Z  S  T  D  H
A  H  R  T  K  U  D  G  M  I  Y  S  A  R  S  D  V  Y  E  A
O  Q  O  O  S  D  K  F  Z  B  P  P  O  L  N  W  E  V  P  N
F  Y  P  U  U  J  A  B  B  K  L  E  I  A  I  M  E  M  A  B
R  S  I  R  R  L  U  L  I  A  G  A  L  J  I  M  G  E  X  A
E  D  C  I  Y  B  A  I  Y  S  T  S  Y  A  S  C  C  X  G  R
S  U  A  S  H  S  I  O  E  K  I  K  K  E  G  O  F  N  M  A
H  T  L  T  H  O  R  O  C  D  E  O  H  Q  C  O  I  A  G  C
F  I  D  S  T  Z  N  O  O  W  L  C  F  I  H  V  U  N  O  K
I  U  B  M  Y  A  C  A  A  O  A  N  F  H  I  Y  I  Q  E  O
S  T  X  W  C  E  D  L  M  E  J  I  X  D  K  F  Y  B  A  B
H  Y  J  L  D  I  O  S  B  I  C  S  A  X  R  Q  M  M  L  A
O  Y  O  J  U  O  O  M  Q  A  N  B  C  U  U  H  A  Q  L  M
D  V  A  A  H  J  O  Y  P  K  U  P  S  X  T  T  Q  C  L  A
O  S  M  A  Y  A  D  M  Z  C  M  B  H  O  N  O  L  U  L  U
L  D  K  P  O  X  X  O  S  O  I  S  O  R  H  N  C  W  K  V
```

VOLCANOES	ALOHA STATE	HONOLULU	BEACHES
PACIFIC OCEAN	SCUBA DIVING	KAUAI	COCKTAILS
ARCHIPELAGO	FRESH FISH	SURFING	TOURISTS
MAUI	ROYAL PALACE	SNORKELLING	
O'AHU	KAHO'OLAWE	BARACK OBAMA	
MOLOKA'I	ISLANDS	TROPICAL	

Hollywood

```
T  Q  A  M  H  O  L  L  Y  W  O  O  D  H  I  L  L  S  K  I
O  X  D  W  C  E  L  E  B  R  I  T  I  E  S  O  X  E  J  N
U  Z  A  B  Z  B  H  O  L  L  Y  W  O  O  D  S  I  G  N  Z
R  O  V  Y  J  F  O  O  T  P  R  I  N  T  R  G  Y  J  C  N
I  S  J  R  X  L  O  S  A  N  G  E  L  E  S  G  L  I  T  Z
S  C  A  S  K  L  W  A  X  M  U  S  E  U  M  A  H  P  W  W
T  A  N  B  F  A  A  G  C  I  N  E  R  A  M  A  D  O  M  E
S  R  C  Z  H  B  V  F  L  M  A  G  E  N  T  S  M  J  V  P
X  S  F  G  V  F  Y  E  N  T  E  R  T  A  I  N  M  E  N  T
F  H  B  E  V  E  R  L  Y  H  I  L  L  S  Q  Y  N  G  E  V
T  A  B  O  U  L  E  V  A  R  D  J  T  W  O  T  X  F  E  U
I  N  V  X  C  T  H  E  A  T  E  R  S  X  T  I  I  M  I  S
N  D  F  U  S  B  J  P  G  P  L  L  O  Q  C  L  A  M  O  D
S  P  I  H  M  B  E  B  M  O  V  I  E  S  T  F  V  I  C  V
E  R  R  A  Y  O  T  G  W  Y  A  P  A  H  F  K  D  F  G  Z
L  I  Q  S  N  G  U  A  J  D  I  W  G  O  F  U  N  X  A  Q
T  N  T  R  Q  R  F  J  Y  C  I  I  K  Y  T  S  I  J  X  P
O  T  I  N  S  T  A  R  S  H  N  L  W  S  T  C  X  D  F  G
W  S  A  K  T  X  K  J  R  C  A  Z  J  I  J  H  L  S  G  D
N  A  P  A  Q  Y  N  X  V  W  H  Z  S  L  E  Y  L  P  S  I
```

CINERAMA DOME	THEATERS	WAX MUSEUM	ENTERTAINMENT
MOVIES	BEVERLY HILLS	STARS	GLITZ
OSCARS	HAND PRINTS	HOLLYWOOD SIGN	FOOTPRINT
AGENTS	CELEBRITIES	BOULEVARD	TINSELTOWN
HOLLYWOOD HILLS	NIGHTLIFE	STUDIOS	
WALK OF FAME	TOURISTS	LOS ANGELES	

British Cuisine

```
S  C  O  T  C  H  E  G  G  Z  C  O  T  T  A  G  E  P  I  E
U  T  T  C  J  R  J  E  L  L  I  E  D  E  E  L  S  O  B  O
B  C  O  R  N  I  S  H  P  A  S  T  Y  R  V  Z  Z  B  N  H
E  F  B  A  N  O  F  F  E  E  P  I  E  Z  R  F  C  Q  H  P
A  T  H  G  U  D  D  T  I  Y  X  N  A  G  E  P  I  S  H  E
N  S  G  F  F  N  L  P  E  F  H  A  G  G  I  S  R  H  W  Y
S  W  Q  G  B  A  K  E  W  E  L  L  T  A  R  T  D  K  J  H
O  E  H  E  R  R  H  L  V  P  I  C  K  L  E  D  E  G  G  S
N  X  T  O  O  E  X  H  L  D  S  D  M  Z  F  T  O  B  B  R
T  F  G  P  Y  C  F  Y  U  S  S  U  L  X  I  R  D  E  A  U
O  E  H  L  B  I  L  Z  E  J  T  M  V  R  S  I  H  E  C  N
A  J  M  L  A  O  Q  M  Y  O  D  P  H  O  H  F  Y  F  O  D
S  U  D  K  P  M  N  T  G  P  N  L  O  A  A  L  Y  C  N  A
T  L  C  Y  U  O  B  Q  J  W  Z  I  T  S  N  E  I  O  A  G
S  D  L  N  T  G  N  C  A  R  E  N  P  T  D  Y  G  B  N  H
W  O  K  E  C  A  U  V  H  G  J  G  O  B  C  I  F  B  D  J
R  U  H  E  K  R  B  J  Z  O  H  S  T  E  H  C  D  L  E  V
J  R  V  A  V  T  H  D  P  R  P  F  P  E  I  M  A  E  G  W
V  P  O  R  K  C  H  O  P  J  B  S  F  F  P  E  I  R  G  K
O  Z  L  Y  Z  T  B  K  I  P  P  E  R  S  S  D  O  K  S  U
```

PICKLED EGGS	BEEF COBBLER	DUMPLINGS	FISH AND CHIPS
COTTAGE PIE	BAKEWELL TART	ETON MESS	TRIFLE
LAMB CHOPS	KIPPERS	HOTPOT	HAGGIS
ROAST BEEF	JELLIED EELS	BEANS ON TOAST	ROLY-POLY
PORK PIE	BACON AND EGGS	PORK CHOP	
CORNISH PASTY	SCOTCH EGG	BANOFFEE PIE	

Keep Fit

```
M M G T Z X T Z B U L G E S I I O . R C K
Q L H M H P O O L R E F I G U R E S P S
W U B P Z G G W F U S T M M T S J H G S
R P F G L I R H R N Z D Z M L I T F E F
A W I X O C V I Y L R U E X A L G X A Q
M E T K C J P R W E M Q C S A O F H J T
X I N X K A U L X O U B A E L J M E T O
N G E B E Q S P I T S A H H D I F F D S
C H S W R Q H O M A C F N S D H M B J R
Z T S G R W U O I R L S F U I W U H Y L
Q Y T T D Y P L X D E T G U O Z S A B W
I S D F Z C S M R S S R Y U J M E E P G
Z H W M A S S A G E E I K M A C D G G C
D O M E X E R C I S E M X E R F Y T B G
W W H G F Y F I R M U P T B I C Y C L E
U E X X P L H S C E N S A S B A S M N V
P R T B S G A X W N P P O A T N M H T U
U E C A O D W P Y I S A L U G Y C E P T
E Q M J Q E H G P X M I Z N G V I W O K
P M E A S U R E C Y R K X A W D N Y Z J
```

LOCKER	TRIM	FIGURE	FITNESS
RUN	FAT	SIZE	FIRM UP
SWIM	SPA	POOL	SHOWER
HEALTH	TIGHTS	SLIM	MUSCLES
MASSAGE	JOG	SAUNA	WEIGHT
WHIRLPOOL	BICYCLE	MEASURE	GYM
STEAM	PUSH UPS	DIET	EXERCISE

Stevie Wonder Songs

```
G  C  M  S  O  E  C  D  F  N  Q  M  V  R  S  G  T  M  N  M
F  O  O  H  G  L  P  G  G  S  Z  T  A  A  P  W  O  V  D  H
I  N  O  J  H  K  N  M  X  D  Y  T  S  W  F  D  M  S  I  S
N  T  N  Y  P  Y  J  E  E  F  S  P  X  E  I  J  E  Y  X  I
G  U  B  T  G  M  K  P  J  R  T  Y  Y  H  Q  Y  R  D  M  G
E  S  L  D  A  U  P  C  E  T  M  L  C  H  E  O  G  U  Z  O
R  I  U  E  D  K  Y  H  Y  O  E  R  P  Y  V  D  E  M  I  S
T  O  E  R  N  A  T  K  C  T  O  T  N  I  W  R  C  P  P  A
I  N  I  T  D  O  T  C  A  K  W  O  D  N  I  U  R  Y  O  I
P  S  D  N  N  F  U  L  C  Y  B  N  O  F  Y  W  J  D  N  L
S  Y  U  A  G  R  L  A  O  E  A  I  F  V  Q  Z  I  R  H  I
B  F  H  X  V  A  L  Z  R  Y  T  V  R  P  J  V  V  S  D  N
U  H  A  C  D  B  D  P  N  I  B  K  H  M  Z  M  I  P  H  G
L  E  A  X  N  H  V  O  T  I  I  V  Z  D  N  P  M  I  K  Q
D  Y  K  S  G  O  B  S  I  I  Y  P  V  X  C  D  N  O  D  L
B  L  L  H  K  E  R  T  C  K  X  O  V  E  R  J  O  Y  E  D
Q  O  Z  K  Z  E  P  A  R  T  T  I  M  E  L  O  V  E  R  K
A  V  C  V  P  S  D  O  I  D  O  J  H  O  L  D  M  E  J  A
R  E  I  U  Q  N  F  M  A  S  T  E  R  B  L  A  S  T  E  R
S  Q  S  T  G  U  E  F  R  O  N  T  L  I  N  E  I  G  L  S
```

EBONY AND IVORY	MASTER BLASTER	ANOTHER STAR	I WISH
LATELY	HOLD ME	FINGERTIPS	SUPERSTITION
HEY LOVE	FUN DAY	FRONT LINE	DO I DO
I GO SAILING	PART-TIME LOVER	HIGHER GROUND	
OVERJOYED	BLACK ORCHID	MOON BLUE	
EBONY EYES	CONTUSION	SIR DUKE	

Wedding

```
S  V  L  I  T  Z  U  F  H  B  O  R  B  D  H  B  Y  S  Y  O
E  V  L  U  V  C  V  M  E  E  U  E  C  U  M  M  P  Y  F  U
I  Y  P  O  T  G  R  D  D  C  H  C  H  V  L  J  J  U  L  B
H  G  I  B  R  G  D  I  A  T  B  E  U  Z  O  V  W  L  O  A
Q  R  F  R  O  M  R  D  V  N  L  P  R  X  V  D  J  N  W  S
P  O  E  I  U  B  U  W  A  E  C  T  C  G  E  U  G  N  E  E
C  O  N  D  S  Q  V  O  P  R  K  I  H  B  R  B  H  E  R  N
E  M  C  E  S  P  R  I  E  S  T  O  N  B  P  C  G  Y  G  G
P  Y  N  S  E  U  T  K  U  Y  Q  N  O  G  A  E  E  R  I  A
H  R  V  M  A  M  F  L  E  Q  M  V  R  U  Z  N  W  X  R  G
O  O  Y  A  U  E  N  O  C  B  O  U  Q  U  E  T  D  A  L  E
N  J  W  I  L  E  T  O  A  S  T  U  B  S  Z  F  K  R  T  M
E  B  X  D  W  M  B  N  Z  W  F  T  C  W  B  R  L  S  A  E
Y  V  G  I  F  T  S  P  E  E  C  H  Y  O  O  Y  E  Y  X  N
M  V  J  B  P  L  U  P  R  F  G  S  C  D  N  U  F  E  Q  T
O  E  A  V  Y  X  X  P  I  X  K  E  G  L  G  F  J  F  J  E
O  R  I  N  G  P  L  S  T  A  L  G  J  S  L  P  E  K  O  S
N  P  S  J  U  T  W  F  S  S  Q  C  H  Z  Z  S  G  T  L  B
L  U  F  B  G  O  V  E  I  L  Z  B  N  I  T  Z  Y  E  T  N
R  U  G  A  V  O  Z  A  F  G  Q  H  O  Q  G  G  W  R  H  I
```

VEIL	TROUSSEAU	GUEST	PRIEST
GROOM	CONFETTI	FLOWER GIRL	DANCING
SPEECH	TOAST	GIFTS	BAND
BRIDE	ENGAGEMENT	BRIDESMAID	AISLE
CHURCH	VOWS	HONEYMOON	LOVE
RECEPTION	RING	BOUQUET	

Camping

X	J	H	F	S	D	W	N	P	R	I	Y	I	C	H	H	R	H	C	N
A	N	R	U	C	K	S	A	C	K	T	R	Z	A	S	I	B	G	W	R
G	V	O	E	F	B	W	J	Y	Z	F	M	P	R	L	X	K	U	N	G
B	F	N	E	S	N	O	R	M	F	Q	E	G	A	W	B	Y	I	D	X
M	R	O	P	E	I	D	O	J	R	B	I	O	V	F	I	R	E	N	X
N	Y	V	I	P	L	B	J	T	R	O	C	O	A	K	C	F	X	H	G
W	A	T	E	R	A	V	C	O	S	R	S	D	N	M	W	B	Z	E	E
I	W	G	R	E	T	N	U	P	A	O	C	O	M	P	A	S	S	C	B
P	M	T	E	G	A	D	H	H	F	B	O	B	D	C	U	H	P	Q	I
P	V	N	X	G	R	T	C	O	L	N	E	A	Q	F	P	C	Z	E	U
D	C	B	I	S	E	Q	E	C	A	M	P	S	I	T	E	K	V	H	T
E	P	I	V	X	X	F	E	R	M	A	P	L	V	I	E	O	K	T	S
O	U	I	U	J	I	U	K	M	A	T	C	H	E	S	T	T	E	N	T
T	E	N	W	L	C	F	E	W	A	V	H	I	O	S	L	X	X	H	V
V	Y	G	D	E	E	R	Q	H	L	A	B	D	P	V	L	K	F	W	D
J	K	L	B	L	U	A	P	H	S	L	E	E	P	I	N	G	B	A	G
A	I	R	T	T	L	O	J	A	A	G	Y	I	B	T	H	I	K	O	T
W	A	T	A	L	Q	W	A	M	I	L	R	F	O	B	P	O	R	X	P
B	E	N	F	L	A	S	H	L	I	G	H	T	D	L	Y	D	L	E	B
K	U	T	R	E	E	S	G	V	B	P	G	P	I	R	G	L	A	M	P

WATER	MAP	NATURE	HIKING
FLASHLIGHT	FIRE	LAMP	TREES
ROPE	CARAVAN	PAN	RUCKSACK
CAMPSITE	SLEEPING BAG	EGGS	BOOTS
WILDLIFE	BARBECUE	TENT	MATCHES
COMPASS	CHARCOAL	STOVE	KETTLE

Australian Rivers

```
X  F  R  N  M  L  A  E  D  E  T  B  K  X  Y  Q  Z  G  C  B
U  E  J  M  E  F  J  R  G  X  I  K  H  F  P  Z  T  B  K  T
G  P  N  H  Z  L  O  F  Q  K  L  S  M  G  X  W  S  A  E  B
M  C  B  H  Z  F  J  R  H  O  H  H  I  J  R  B  R  P  P  M
I  G  P  L  W  X  G  A  D  W  L  P  O  X  V  R  S  M  N  A
T  T  N  A  A  H  A  M  I  L  T  O  N  N  A  A  V  P  O  C
C  U  S  D  V  C  Y  M  C  N  T  J  V  Y  P  C  M  B  R  L
H  X  S  W  A  I  H  M  Q  O  N  T  K  M  Y  J  U  Z  M  E
E  V  F  A  L  R  P  L  S  Y  K  H  A  T  F  O  R  G  A  A
L  I  U  R  Z  G  L  S  A  Q  C  C  T  N  O  V  R  C  N  Y
A  L  Q  R  F  O  O  I  F  N  B  M  P  C  B  I  A  U  M  X
N  L  I  E  V  O  F  U  N  N  B  L  R  W  A  W  Y  L  O  M
O  I  A  G  J  K  R  A  L  G  V  A  B  I  P  B  D  B  Q  E
N  J  K  O  R  H  N  T  X  B  B  C  R  P  S  I  D  U  T  Z
A  Q  F  O  D  A  T  W  E  D  U  O  D  A  W  S  O  N  D  H
M  E  Z  J  G  T  A  M  U  S  T  R  Q  Q  E  B  H  M  Y  K
O  B  R  O  S  F  L  M  E  C  C  C  N  S  S  F  M  P  J  P
I  X  B  N  P  G  G  P  I  T  B  U  G  J  G  H  R  T  G  C
V  X  U  A  J  H  E  V  L  Z  X  G  E  O  R  G  I  N  A  R
L  M  A  B  J  N  Q  Q  A  S  H  B  U  R  T  O  N  U  G  J
```

GEORGINA	NORMAN	BOGAN	VICTORIA
FORTESCUE	WARREGO	DAWSON	GOULBURN
LACHLAN	DARLING	BARCOO	MITCHEL
CAMPASPE	ASHBURTON	NAMOI	MURRAY
YARRA	MACLEAY		

In the Wild

```
M  O  T  T  E  R  C  M  Q  Y  U  E  J  I  C  R  M  T  N  G
O  V  K  W  X  Z  N  J  F  D  L  R  Y  C  U  M  R  V  P  B
U  Y  B  S  H  W  W  W  F  E  Y  X  A  Q  S  K  O  X  O  V
S  U  L  U  I  A  U  A  M  G  Y  O  B  T  W  P  K  L  R  R
E  I  S  S  J  F  R  P  G  L  T  U  F  E  I  L  Y  T  E  I
M  V  O  D  Q  Y  J  E  L  I  S  J  R  X  Z  H  M  A  X  W
R  O  O  F  K  U  Y  K  B  A  F  H  V  U  K  E  F  J  X  O
V  L  L  R  T  U  I  B  D  M  S  E  B  L  L  O  M  I  K  D
X  E  Q  O  W  A  A  R  O  B  W  E  A  S  E  L  W  I  M  B
O  V  Y  C  R  R  K  U  R  K  F  Y  X  J  A  J  U  O  V  D
Y  Z  A  B  E  A  V  E  R  E  O  O  X  P  C  Z  M  L  L  N
A  H  M  D  Y  W  Y  B  J  C  L  W  M  A  R  M  O  T  G  L
W  Q  G  K  K  L  J  J  E  L  K  Y  Z  I  O  B  H  A  N  S
N  N  A  N  Z  R  Z  W  P  A  J  L  Y  L  P  K  I  F  Q  T
R  A  U  C  C  L  B  B  T  P  R  E  D  A  P  R  F  R  T  D
F  K  T  D  B  A  D  G  E  R  W  M  T  Z  E  S  O  L  C  Y
S  W  S  I  F  Y  Z  T  O  A  D  M  Y  E  B  N  X  P  Z  A
W  O  L  F  S  K  B  U  E  R  X  I  D  E  A  A  G  P  X  K
U  R  N  Q  K  N  B  N  L  Y  F  N  U  D  T  K  E  T  B  U
T  B  C  H  I  P  M  U  N  K  M  G  E  D  H  E  I  U  F  N
```

FOX	BADGER	MARMOT	CHIPMUNK
HARE	SQUIRREL	SHREW	WEASEL
WOLF	DEER	VOLE	SKUNK
RAT	MOLE	RABBIT	LEMMING
OTTER	TOAD	SNAKE	BAT
MOUSE	BEAVER	BEAR	

Gods & Goddesses

```
E  M  B  J  P  H  B  Y  I  Z  P  D  X  E  Y  H  Z  G  A  B
P  I  F  N  O  E  X  A  S  G  P  P  H  E  R  M  E  S  T  N
N  B  K  L  S  S  F  X  P  N  P  Y  L  P  X  Y  A  B  H  V
F  Z  C  F  E  T  G  D  U  H  O  J  S  L  I  M  C  O  E  B
R  C  A  O  I  I  S  M  A  X  R  U  K  U  N  M  I  Y  N  K
G  Z  R  M  D  A  B  F  L  E  N  O  K  T  R  H  F  G  A  R
N  T  E  T  O  B  U  K  D  A  J  D  D  O  Q  J  B  B  X  O
J  V  S  Z  N  P  V  L  J  R  A  W  V  I  L  O  D  R  V  U
F  O  N  G  J  Y  K  S  C  H  B  C  D  C  T  D  Z  S  M  V
R  C  Q  C  T  R  Z  P  D  O  A  S  U  K  N  E  Z  Y  B  G
H  A  R  A  E  C  T  D  G  W  C  D  E  Z  I  M  X  Q  L  O
T  E  F  V  T  U  J  I  N  D  S  N  E  B  Z  E  U  S  D  Q
C  J  O  A  P  O  L  L  O  Y  U  C  B  S  Z  T  F  U  C  M
R  J  F  L  Z  C  C  K  R  T  S  W  P  S  X  E  P  K  G  X
X  A  R  T  E  M  I  S  P  O  J  P  U  Y  N  R  G  B  X  F
H  E  C  A  T  E  E  E  R  Y  E  N  K  T  H  W  K  M  I  K
P  L  V  G  H  M  N  E  L  D  E  X  V  J  V  T  T  L  S  G
S  U  D  X  Y  A  C  C  I  V  W  M  E  R  C  U  R  Y  J  F
H  H  E  R  A  R  V  O  R  K  Z  M  I  N  E  R  V  A  N  R
H  Z  U  F  V  S  E  A  P  Y  M  H  E  E  C  I  C  A  L  E
```

HESTIA	JOVE	JANUS	ATHENA
MARS	HADES	APOLLO	DEMETER
NEPTUNE	HECATE	MINERVA	ZEUS
HERMES	APHRODITE	POSEIDON	VENUS
PLUTO	MERCURY	ARTEMIS	
ARES	HERA	EROS	

Disneyland

```
D R H N S C Z Z Y B C K I K Z R A E O P
W C I N D E R E L L A T G C O Y T L B V
Q E N Y D S F B R F R Z T H K B S K T T
B P I N O C C H I O O A H I Y I L B O N
A P N H N B O C S T Q R P E L V S C A S
L W I D A Y B B O R U C K U R Z D O A S
O C Q G L K S E U N K C A O N B D C Z Y
O V C A D Y N L Y G I S R W H Z I F O M
C A I N L G W L O M L Y Z F E J E E X O
Z R G W I I N E D E S Z K M X T F L P W
W I R T A O C D U L O L L Q Z H N Z P G
N E U B U W B E M S F V H X E U E W L L
B L M N J A Y W B Y I E M U X M A Y U I
I I P L J Z K X O Y A X R V Z P J Q T G
S H Y B A M B I V L D W Y N W E X K O U
B W P Y W N H I X H S U G Q L R B Q V R
X C M I G J H U F M I N N I E E E A F A
Q E X D M F A T Y V A P H C F C T D F G
L M P T G V X K V W I T C H D L L I J P
U J A S M I N E P Q O N L O D S Q J V K
```

ARIEL	BALOO	WITCH	GRUMPY
DUMBO	MINNIE	BAMBI	MOWGLI
RAPUNZEL	SIMBA	THUMPER	CINDERELLA
ALICE	JASMINE	HERBIE	
MICKEY	BELLE	ELSA	
PINOCCHIO	PLUTO	DONALD	

New York

```
K  T  L  I  Q  P  B  Z  X  D  U  U  V  P  M  C  N  L  X  N
S  L  F  A  B  Q  I  R  I  Y  U  C  U  J  N  G  R  E  V  S
D  T  T  W  Y  O  R  Q  O  B  U  O  L  B  N  R  S  O  Y  X
P  N  O  A  N  Y  S  U  V  X  N  N  O  B  Q  G  T  B  X  Y
G  C  E  C  S  R  J  E  M  N  H  E  N  R  A  F  A  W  P  C
Z  S  E  W  K  X  P  E  R  M  O  Y  G  O  O  C  T  O  H  G
B  N  U  N  Y  W  A  N  H  X  X  I  I  N  V  N  U  E  I  R
W  E  K  B  T  O  E  S  D  C  D  S  S  X  U  M  E  Q  L  A
I  W  E  U  W  R  R  X  Q  N  Q  L  L  T  M  N  O  I  H  N
D  Y  L  A  W  A  A  K  C  S  C  A  A  L  T  C  F  S  A  D
R  O  L  A  N  E  Y  L  S  H  F  N  N  K  P  I  L  N  R  C
T  R  I  C  Z  J  L  T  P  T  A  D  D  A  Y  J  I  T  M  E
L  K  S  X  B  O  X  Y  H  A  A  N  Z  J  A  C  B  C  O  N
R  C  I  D  Q  W  I  A  M  Q  R  T  G  N  F  T  E  M  N  T
O  I  S  F  G  P  D  Q  I  O  N  K  E  E  K  D  R  L  I  R
I  T  L  K  S  T  A  T  E  N  I  S  L  A  N  D  T  L  C  A
R  Y  A  L  N  T  D  R  H  A  R  L  E  M  J  A  Y  Z  K  L
M  Q  N  X  S  K  K  H  Q  R  W  T  H  E  I  V  P  M  H  X
X  S  D  P  J  B  R  O  O  K  L  Y  N  M  E  L  R  O  S  E
G  J  M  X  T  N  P  R  O  S  P  E  C  T  P  A  R  K  X  D
```

TATUE OF LIBERTY	MELROSE	HARLEM	PHILHARMONIC
UEENS	ELLIS ISLAND	CONEY ISLAND	STOCK EXCHANGE
RAND CENTRAL	LONG ISLAND	NEW YORK STATE	CENTRAL PARK
ROSPECT PARK	STATEN ISLAND	BRONX	
EW YORK CITY	SUBWAY	BROOKLYN	

The Exotic World

```
V E A R M Q N F S O U T H A S I A K E L
E N N Q T R I B E R A G C P S A H A R A
A P L A N T S U H C X H U A W C G C A G
R J Y E G P R X C W I H I R A M A Z O N
C M U U P I N E A P P L E R V D E M W C
T K O N Q R R O Z L K B R O N V B X L E
I G E B G X B E U K L C W T A G X A S N
C U K H K L C Y Z B K K C J C X A E Z T
J K E L I G E K P C Q A O E M G T M C R
N Z W X G H Z F O H B M Q T R E L A S A
P J R Z T V K C B A Z E S S Z J A D E L
R A F R I C A G L R L E G S I P N A M A
Q I P S X R I P V S R A B L E E T G S M
D Y V O N A Q Y E O M E I O M N I A N E
T Z F E Z I E I F V M Y K T E W C S B R
N L X O R K M N P B H T A H W G A C N I
T F V F N G I T J Y T P X B K K A A U C
O W W O Y A C H N I L E T R X V Y R Q A
W V M P R W X I A U S T R A L I A Q D E
W W C O N G O O U Q D S S N C S I R O E
```

MADAGASCAR	RIVER	NILE	MONKEY
PARROT	MOJAVE	PINEAPPLE	PYGMIES
SLOTH	PLANTS	ATLANTIC	AUSTRALIA
AFRICA	SAHARA	SOUTH ASIA	TRIBE
KOALA	CENTRAL AMERICA	AMAZON	RAINFOREST
CONGO	JUNGLE	ARCTIC	

Wonders of the World

```
R  U  G  C  S  A  H  A  R  A  D  E  S  E  R  T  J  A  Z  C
O  T  U  G  T  L  H  M  O  U  N  T  F  U  J  I  P  G  L  R
K  I  I  R  O  I  G  U  A  Z  U  F  A  L  L  S  Z  U  B  V
V  P  L  A  P  Q  G  I  A  N  T  S  E  Q  U  O  I  A  D  U
S  P  I  N  L  N  S  V  O  R  Y  C  L  S  O  S  H  U  E  Y
B  F  N  D  M  M  F  G  O  A  C  E  Q  S  I  L  L  X  X  Z
U  P  C  C  T  N  H  R  Q  U  L  U  R  U  T  J  F  L  Q  A
N  P  A  A  P  F  G  I  A  N  T  S  C  A  U  S  E  W  A  Y
G  C  V  N  C  L  I  A  M  A  Z  O  N  I  A  R  M  L  V  C
L  E  E  Y  D  O  Q  B  L  P  R  E  K  D  Z  W  T  S  F  Y
E  D  S  O  W  Y  T  M  E  V  O  P  E  I  F  B  P  B  E  U
B  E  S  N  K  G  E  A  X  J  D  W  N  I  L  E  F  W  O  L
U  M  O  U  N  T  E  R  E  B  U  S  V  S  I  A  U  L  U  Y
N  G  O  B  I  D  E  S  E  R  T  G  J  O  L  P  U  P  A  Q
G  D  E  A  T  H  V  A  L  L  E  Y  U  V  U  N  G  E  A  S
L  N  G  O  R  O  N  G  O  R  O  C  R  A  T  E  R  H  A  Y
E  B  K  V  H  H  J  S  D  C  M  O  N  T  B  L  A  N  C  B
S  X  O  W  V  U  F  J  F  U  Z  G  K  E  A  R  T  H  U  C
F  H  J  O  L  D  F  A  I  T  H  F  U  L  G  A  Q  E  B  A
Z  M  O  U  N  T  E  V  E  R  E  S  T  J  I  J  B  L  M  D
```

KILAUEA	BUNGLE BUNGLES	MOUNT EVEREST	GOBI DESERT
EARTH	IGUAZU FALLS	AMAZONIA	ULURU
DEATH VALLEY	NILE	OLD FAITHFUL	MOUNT EREBUS
MOUNT FUJI	GIANT SEQUOIA	MONT BLANC	GUILIN CAVES
NGORONGORO CRATER	GIANT'S CAUSEWAY	GRAND CANYON	SAHARA DESERT

Flowers

```
X  N  V  T  U  H  B  Q  C  H  O  N  E  Y  S  U  C  K  L  E
V  V  H  I  L  I  L  Y  O  F  T  H  E  V  A  L  L  E  Y  M
L  F  E  J  B  X  A  H  E  J  C  G  G  T  E  H  H  C  H  O
F  I  H  Y  D  R  A  N  G  E  A  N  E  T  L  R  I  L  X  R
O  R  L  Q  Y  F  E  T  U  A  A  C  G  F  E  O  M  E  B  N
B  H  H  A  C  N  O  O  H  W  Q  O  D  J  P  S  C  M  L  I
A  O  W  L  C  R  G  U  C  Y  V  V  H  T  H  E  H  A  A  N
B  D  J  X  S  O  A  L  R  Q  M  O  R  P  A  S  R  T  C  G
I  O  U  W  B  C  B  M  A  O  Z  O  Q  H  N  L  Y  I  K  G
E  D  G  V  P  Q  A  R  A  D  C  A  H  T  T  Y  S  S  E  L
S  E  D  P  G  X  Z  C  D  R  I  L  P  N  E  T  A  C  Y  O
B  N  C  K  R  W  H  A  T  A  Y  O  O  S  A  Y  N  H  E  R
R  D  H  P  O  S  I  A  I  U  V  L  L  C  R  J  T  I  D  I
E  R  M  B  I  S  U  H  S  V  S  H  L  I  K  Y  H  L  S  E
A  O  N  V  H  K  T  R  K  T  X  F  L  I  S  M  E  A  U  S
T  N  W  C  D  Y  W  E  W  V  E  L  L  D  S  K  M  Z  S  W
H  G  U  J  S  E  T  L  N  N  H  R  V  O  L  S  U  J  A  H
C  F  B  R  R  A  M  C  O  L  E  U  S  E  W  A  M  I  N  I
X  M  O  F  T  Y  I  E  X  F  M  U  M  S  K  E  S  H  K  E
S  F  Y  C  H  E  R  R  Y  B  L  O  S  S  O  M  R  S  Z  T
```

GLADIOLI	HONEYSUCKLE	LILY OF THE VALLEY	RHODODENDRON
ROSES	CACTUS FLOWER	FUCHSIA	CHERRY BLOSSOM
FORSYTHIA	HYDRANGEA	FOUR O'CLOCK	ASTER
BABY'S BREATH	BLACK EYED SUSAN	COLEUS	MUMS
CLEMATIS	ELEPHANT EAR	AMARYLLIS	
CHRYSANTHEMUMS	MORNING GLORIES	LILAC	

Tropical Storms & Hurricanes

```
A  H  A  C  S  U  E  Y  D  A  G  F  B  I  O  T  M  S  P  A
L  E  R  I  K  A  N  X  E  R  H  E  A  R  L  J  G  L  C  C
T  M  B  W  N  N  J  W  Q  C  Q  U  F  Q  B  K  S  A  L  J
Z  M  W  R  A  O  D  E  T  T  E  C  L  I  S  A  X  R  A  D
Z  C  H  D  V  H  L  B  J  E  O  L  A  B  U  X  S  R  U  W
B  N  N  E  C  E  O  N  X  J  O  A  Q  U  I  N  X  Y  D  M
J  I  U  D  N  M  R  G  F  L  T  C  S  E  D  C  J  R  E  N
K  T  L  I  H  R  L  F  I  U  Y  H  Z  M  V  X  K  H  T  H
E  L  T  L  W  D  I  S  O  K  E  P  U  N  X  U  X  A  T  E
M  O  N  O  I  A  V  V  N  A  T  A  O  Q  R  I  Q  E  E  D
N  I  P  L  U  N  T  W  A  R  N  T  K  A  T  R  I  N  A  Q
O  S  N  F  I  I  Q  A  G  L  S  Q  E  V  D  T  D  Z  O  X
A  F  O  D  J  E  V  T  M  A  I  I  Y  D  C  U  R  S  J  J
Y  S  A  Y  Y  L  Y  Q  G  D  U  U  X  B  O  N  N  I  E  X
T  L  U  U  R  L  N  I  C  O  L  E  J  D  M  D  Q  V  L  O
Z  O  J  Q  G  E  S  A  E  L  A  D  K  Q  H  E  L  E  C  E
Q  W  K  A  T  E  Z  I  G  C  A  L  E  X  V  J  S  R  U  H
Q  J  Q  M  A  T  T  H  E  W  H  P  J  H  U  U  H  Y  E  Y
G  J  J  K  L  O  B  H  N  J  O  Q  E  X  I  W  S  Q  M  B
G  T  R  P  A  C  O  L  I  N  L  K  J  U  L  I  A  I  J  O
```

DANNY	NICOLE	CLAUDETTE	KATE
JULIA	FIONA	ALEX	HENRI
COLIN	MINDY	BONNIE	KARL
LARRY	ODETTE	LISA	GASTON
JOAQUIN	EARL	BILL	KATRINA
MATTHEW	DANIELLE	ERIKA	

63

Foreign Currency

```
D  C  R  Y  F  P  Y  H  P  B  W  D  H  F  I  L  Z  W  R  Y
X  N  P  M  O  J  D  P  B  Z  V  I  J  Q  Z  M  H  X  A  S
L  W  V  A  Z  M  X  V  T  C  E  R  F  B  A  W  A  O  O  Y
I  K  P  N  N  T  T  T  R  D  V  H  S  Y  E  I  B  R  Y  Q
R  P  V  A  I  A  L  R  I  A  X  A  K  O  D  L  U  R  R  H
A  X  S  T  Y  I  T  S  H  E  N  M  I  W  A  E  U  Y  C  X
T  U  W  K  L  Y  C  U  P  S  Q  D  Y  B  A  E  H  G  C  V
K  U  M  R  R  E  F  A  L  Y  I  P  H  C  D  N  N  J  A  H
D  P  U  L  A  X  K  F  G  S  V  Z  I  T  D  O  Z  P  A  F
L  K  Z  X  C  R  R  D  C  C  B  L  P  R  I  O  L  A  F  R
O  M  V  M  S  C  E  U  N  B  M  H  E  F  B  H  L  L  M  S
L  K  D  U  C  N  X  E  P  O  I  V  S  X  M  W  A  P  A  L
P  N  K  I  X  F  M  B  T  E  O  N  O  A  B  T  P  I  E  R
O  B  A  P  N  L  V  R  Z  S  E  V  R  N  A  R  L  X  R  A
U  I  E  L  G  A  K  Y  H  E  M  D  U  F  G  J  O  K  L  P
N  A  X  K  S  W  R  C  N  K  D  F  V  F  L  O  R  I  N  B
D  W  P  E  N  N  Y  V  K  B  H  Q  M  F  X  Q  S  S  W  Y
B  K  J  N  Z  J  K  J  B  G  M  P  Q  Q  U  M  R  R  I  B
T  P  R  F  C  O  R  D  O  B  A  O  R  O  C  E  N  T  U  P
W  N  H  S  L  J  C  U  W  C  E  H  L  F  N  Y  V  E  O  P
```

CENT	PESO	RAND	DOLLAR
EURO	DRAM	DIRHAM	PENNY
POUND	RUPEE	KYAT	CORDOBA ORO
DINAR	KWANZA	BALBOA	PULA
FLORIN	MANAT	LIRA	LEK

On the Farm

```
I  V  L  Z  C  S  Y  K  N  X  G  W  Y  C  O  W  S  B  W  N
C  K  Z  T  M  Y  M  A  V  D  V  Y  M  A  P  W  J  L  H  I
N  G  R  A  I  N  Z  P  G  X  N  E  E  K  D  F  H  Q  I  S
Q  B  E  O  H  N  A  P  S  I  Y  E  J  O  V  B  S  Z  J  A
M  I  H  K  W  A  S  L  L  P  H  O  T  T  E  U  O  F  H  D
G  V  E  K  K  D  Y  E  S  K  S  C  R  U  G  A  J  H  E  K
X  J  C  W  L  S  S  D  R  J  B  A  R  E  K  U  X  N  W
C  J  E  E  E  S  K  E  E  T  Q  H  C  K  T  Z  L  S  S  L
J  O  I  S  W  D  H  T  U  Y  E  D  T  E  A  G  E  P  B  Q
S  F  R  Y  G  G  S  E  I  V  H  J  O  Y  B  V  G  B  H  P
D  O  L  N  M  E  O  O  E  P  F  E  R  S  L  W  F  Q  I  O
H  O  M  L  V  J  E  A  L  P  Q  N  S  A  E  S  F  S  O  T
I  Y  N  R  W  Q  T  S  T  U  A  A  C  W  S  I  N  D  H  A
V  S  A  X  H  B  W  T  E  S  G  S  M  B  V  E  Y  N  E  T
J  H  E  S  E  S  B  P  K  H  W  K  I  U  K  B  C  P  C  O
C  L  K  G  A  T  G  Y  I  O  Q  H  V  C  K  N  I  L  J  E
G  Z  N  E  T  Q  D  G  R  G  S  O  I  N  D  B  W  H  E  S
Y  W  P  G  B  I  R  C  I  C  S  H  X  H  T  A  F  C  D  S
F  E  N  C  E  S  K  P  B  R  C  O  P  I  S  R  V  B  G  J
E  C  Q  J  B  N  P  P  A  S  T  U  R  E  C  N  W  H  L  Y
```

TRACTORS	APPLES	CORN	GEESE
SHEEP	CALVES	FENCES	CHICKENS
BARN	CROWS	PEAS	PIGS
FIELDS	COWS	HENS	HAY
HARVESTERS	GRAIN	PASTURE	GOATS
HORSES	VEGETABLES	POTATOES	TURKEYS
			WHEAT

Going on a Cruise

W	X	E	A	R	P	T	E	P	V	V	W	K	A	A	P	C	M	Y	J
T	E	Y	T	E	O	P	A	Y	V	R	Z	E	M	C	W	G	J	A	B
J	T	F	H	S	O	Y	O	A	V	Z	Y	B	C	V	R	O	Y	D	I
M	N	B	E	T	L	R	L	R	S	A	S	I	K	E	M	J	K	M	Q
W	M	N	M	A	S	F	M	O	W	P	T	F	N	T	N	B	U	U	I
T	V	E	E	U	R	E	L	A	X	N	Y	I	I	Z	M	A	U	M	O
M	Y	F	P	R	E	I	T	S	A	N	L	S	T	J	J	R	F	W	O
C	S	K	A	A	E	E	Y	M	D	N	E	H	R	S	Y	S	A	M	T
A	E	U	R	N	G	T	O	R	A	G	P	O	G	F	B	F	L	F	O
S	D	S	K	T	H	R	M	E	C	O	N	P	J	R	F	T	V	D	N
I	X	N	W	S	V	N	C	I	P	U	S	P	C	J	K	S	P	O	Q
N	T	V	B	Y	J	O	F	R	Q	R	S	I	T	D	B	K	I	J	U
O	F	N	R	L	U	X	U	R	Y	M	S	N	J	N	G	T	S	C	S
Z	U	L	J	N	B	Z	G	W	B	E	E	G	F	T	A	G	V	K	W
Z	P	S	P	A	A	A	Z	J	V	T	F	W	R	C	N	Y	C	G	A
E	Y	D	D	T	A	N	N	I	N	G	T	O	A	P	M	E	G	Q	M
C	A	R	I	B	B	E	A	N	M	M	F	V	N	R	D	S	U	N	O
T	B	U	F	F	E	T	C	P	U	M	B	H	A	W	A	I	I	Z	P
H	W	B	A	H	A	M	A	S	O	D	F	C	E	J	A	I	N	T	X
A	A	N	M	M	A	A	E	C	S	U	R	H	O	U	X	I	W	W	Y

BAHAMAS
OCEAN LINER
GOURMET
TANNING
SPA
GYM

RELAX
HAWAII
SHOPPING
CARIBBEAN
THEME PARK
BARS

STYLE
DECKS
ROMANTIC
POOLS
RESTAURANTS
VACATION

GETAWAY
BUFFET
CASINO
LUXURY
COMFORT

Basketball

```
G  B  H  G  O  F  F  E  N  S  E  H  E  I  G  H  T  Z  O  N
B  S  L  F  F  K  T  E  A  G  U  A  R  D  I  N  G  I  C  S
O  J  C  O  U  R  T  P  B  I  D  P  E  R  I  O  D  A  J  R
F  O  U  L  K  Q  T  R  S  B  X  B  A  C  K  B  O  A  R  D
R  P  L  T  H  X  Y  N  I  S  S  J  A  U  C  O  L  D  R  P
M  V  Q  V  N  B  M  R  U  N  N  I  N  G  G  S  E  O  H  Q
W  X  C  P  E  A  D  O  S  J  G  K  S  H  F  U  W  I  C  M
M  U  F  I  T  N  E  S  S  H  D  Q  U  E  C  B  X  H  T  K
J  O  D  M  U  G  R  T  L  R  S  H  O  O  T  H  D  S  A  O
O  T  W  O  I  T  O  S  B  A  S  K  E  T  C  A  I  T  F  D
X  I  B  I  N  S  D  F  O  R  W  A  R  D  S  S  N  I  Q  R
F  E  L  X  O  A  S  B  W  U  R  U  F  J  S  B  J  M  K  I
R  Q  X  D  M  Q  S  O  K  E  T  S  K  A  Q  B  S  E  E  B
F  G  V  K  S  T  R  N  Y  R  E  C  E  I  V  E  R  O  S  B
U  T  J  O  Z  H  U  T  Q  I  J  D  G  F  H  S  W  U  Z  L
X  Q  S  H  T  D  G  T  A  L  Z  U  H  G  J  Z  Z  T  I  I
R  U  C  E  M  B  I  B  U  Z  K  Y  M  F  P  F  Y  M  E  N
V  C  E  A  W  D  J  Q  E  V  P  L  B  P  Y  K  B  H  C  G
V  R  L  J  D  E  L  Y  D  V  W  J  A  T  T  E  M  P  T  K
F  S  B  H  X  F  D  A  C  G  K  S  L  F  H  W  H  G  G  I
```

PERIOD	BLOCK	ASSIST	MISS
JUMP	BASKET	TIMEOUT	HEIGHT
FITNESS	REBOUND	FREETHROW	DRIBBLING
FORWARDS	BACKBOARD	FOUL	GUARDING
SHOOT	OFFENSE	COURT	RUNNING
ATTEMPT	SLAM DUNK	RECEIVER	

Jesus

V	X	L	U	N	C	R	I	F	S	U	L	O	H	Z	U	W	A	Y	G
N	A	Z	A	R	E	T	H	S	E	G	F	G	L	J	A	Q	N	G	G
V	S	E	Z	H	O	C	O	K	I	P	N	R	V	I	D	J	D	P	C
E	L	B	C	K	Q	R	I	Q	W	T	Z	W	K	G	D	G	R	Z	H
F	O	A	J	Q	C	X	A	P	O	S	T	L	E	S	Z	N	E	E	D
J	E	R	U	S	A	L	E	M	O	U	M	R	E	B	A	U	W	I	I
T	N	V	T	D	D	K	B	A	P	T	I	S	M	I	A	X	K	A	S
T	E	M	P	T	A	T	I	O	N	W	E	H	T	Q	Z	O	E	Q	C
H	T	E	R	C	J	B	Q	N	Q	M	L	S	L	A	H	D	C	P	I
C	C	H	B	H	X	Q	W	R	A	T	I	U	A	B	U	U	A	Y	P
R	M	O	Q	U	G	C	Q	J	U	R	A	T	Y	J	N	Y	R	P	L
U	X	L	Z	R	G	L	P	S	H	P	L	X	H	R	O	Y	P	F	E
C	N	Y	E	C	V	W	Y	C	W	Y	S	V	E	K	J	B	E	M	S
I	A	S	M	H	N	Z	V	H	S	A	L	V	A	T	I	O	N	A	Y
F	T	P	A	J	F	O	H	F	U	S	O	U	M	E	S	U	T	T	S
I	I	I	N	Q	Z	W	M	W	V	S	J	V	N	E	F	W	E	T	G
X	V	R	G	O	S	P	E	L	S	T	W	B	A	U	M	L	R	H	F
I	I	I	E	I	T	K	D	A	L	F	Q	Q	Y	K	J	A	P	E	K
O	T	T	R	G	B	G	P	B	G	A	L	I	L	E	E	L	R	W	B
N	Y	M	I	N	I	S	T	R	Y	O	P	H	L	V	A	H	X	Y	B

MARY
CHRISTIAN
SALVATION
HOLY SPIRIT
JUDEA
DISCIPLES

CRUCIFIXION
PASSOVER
BAPTISM
CHURCH
NAZARETH
ANDREW

JAMES
MANGER
APOSTLES
MATTHEW
TEACHER
JERUSALEM

PAUL
NATIVITY
MINISTRY
TEMPTATION
GOSPELS
CARPENTER
CROSS

US Wilderness Areas

```
B  E  C  H  A  R  O  F  A  V  C  W  L  W  E  M  M  I  L  M
Y  M  A  C  K  I  N  A  C  E  U  D  I  A  A  X  F  X  A  O
L  I  P  A  D  D  Y  C  R  E  E  K  Z  L  P  V  X  G  C  U
Y  F  L  L  A  K  E  C  L  A  R  K  A  Q  A  I  M  L  L  N
J  R  I  C  E  V  A  L  L  E  Y  I  R  K  C  P  V  U  X  T
G  S  B  W  O  O  D  C  H  U  T  E  D  A  H  B  W  C  G  O
Z  C  M  A  Z  N  I  L  J  G  R  L  H  T  E  F  W  W  L  L
D  E  A  T  H  V  A  L  L  E  Y  V  E  M  K  F  J  H  A  Y
R  S  R  Q  G  O  L  E  U  E  F  W  A  A  I  B  I  W  C  M
D  P  B  A  N  D  E  L  I  E  R  I  D  I  D  V  A  R  I  P
R  A  L  R  O  U  N  D  I  S  L  A  N  D  H  E  L  A  E  U
S  N  E  B  Y  Y  M  E  V  I  A  B  S  H  M  S  P  K  R  S
I  T  M  A  Y  Y  M  O  N  A  R  C  H  O  Y  K  I  C  B  T
S  H  O  Y  O  I  B  A  D  L  A  N  D  S  P  K  N  P  A  R
K  E  U  C  M  T  A  H  K  R  P  C  L  Q  A  N  E  X  Y  U
I  R  N  R  J  G  U  K  Y  C  R  C  I  I  S  A  L  O  M  E
Y  D  T  E  B  B  G  L  E  A  Z  Z  G  N  P  P  A  F  B  I
O  E  A  E  F  J  S  X  Y  E  N  O  M  B  I  V  K  H  C  G
U  N  I  K  F  F  J  N  G  L  T  U  R  P  U  R  E  D  K  G
I  L  N  O  O  V  H  L  U  L  Z  H  M  H  D  U  S  K  J  Z
```

ARC DOME	PANTHER DEN	SALOME	BAY CREEK
MONARCH	BANDELIER	TOGIAK	PADDY CREEK
LIZARD HEAD	DEATH VALLEY	WOODCHUTE	ROUND ISLAND
SISKIYOU	MACKINAC	MOUNT OLYMPUS	APACHE KID
BECHAROF	ALPINE LAKES	RICE VALLEY	KATMAI
MARBLE MOUNTAIN	GLACIER BAY	LAKE CLARK	BADLANDS

American State Birds

```
M  S  N  B  A  L  T  I  M  O  R  E  O  R  I  O  L  E  O  J
K  P  K  P  H  W  I  L  L  O  W  P  T  A  R  M  I  G  A  N
L  V  Y  B  K  I  P  Z  C  D  F  K  S  R  E  I  H  Q  J  R
Y  K  X  R  B  L  O  T  A  G  A  L  T  H  A  P  B  M  V  C
E  F  G  O  R  L  T  N  L  R  C  R  O  O  S  L  L  O  C  A
E  L  F  W  O  O  J  V  I  Y  A  O  R  D  T  C  U  C  C  C
O  B  T  N  W  W  N  M  F  R  L  B  R  E  E  R  E  K  H  T
C  H  G  T  N  G  X  D  O  S  I  I  O  I  R  U  H  I  I  U
R  E  S  H  P  O  N  F  R  C  F  N  A  S  N  F  E  N  C  S
V  R  N  R  E  L  X  L  N  A  O  T  D  L  G  F  N  G  K  W
P  M  E  A  L  D  K  Y  I  R  R  L  R  A  O  E  C  B  A  R
D  I  N  S  I  F  W  C  A  D  N  N  U  N  L  D  H  I  D  E
H  T  E  H  C  I  H  A  Q  I  I  T  N  D  D  G  I  R  E  N
R  T  D  E  A  N  R  T  U  N  A  J  N  R  F  R  C  D  E  F
G  H  K  R  N  C  Z  C  A  A  G  T  E  E  I  O  K  X  R  V
D  R  P  Y  V  H  H  H  I  L  U  R  R  D  N  U  E  I  C  O
C  U  R  Y  N  V  V  E  L  A  L  D  C  T  C  S  N  U  F  L
E  S  L  R  O  L  L  R  M  D  L  H  P  S  H  E  F  K  Z  X
T  H  C  M  O  U  N  T  A  I  N  B  L  U  E  B  I  R  D  L
W  U  K  J  P  F  K  T  I  E  O  N  P  S  Z  H  G  L  S  T
```

WILLOW GOLDFINCH	NENE	BLUE HEN CHICKEN	FLYCATCHER
BROWN PELICAN	BROWN THRASHER	RHODE ISLAND RED	HERMIT THRUSH
MOUNTAIN BLUEBIRD	CALIFORNIA GULL	WILLOW PTARMIGAN	CHICKADEE
ROBIN	CARDINAL	MOCKINGBIRD	
RUFFED GROUSE	EASTERN GOLDFINCH	CALIFORNIA QUAIL	
CACTUS WREN	BALTIMORE ORIOLE	ROADRUNNER	

European Union States

```
B  L  I  T  H  U  A  N  I  A  Q  O  O  K  T  X  Q  Q  G  D
R  F  I  S  I  J  G  K  Q  M  J  Z  D  B  G  C  P  L  H  U
X  E  I  T  K  L  W  U  F  R  O  M  A  N  I  A  U  L  V  B
O  S  M  G  A  G  H  U  P  N  F  G  Z  P  F  A  D  Q  M  F
F  T  Y  R  M  L  A  V  V  B  L  H  S  F  I  M  M  R  H  O
P  O  G  E  U  U  Y  N  O  E  S  L  O  V  E  N  I  A  K  A
O  N  G  E  R  M  A  N  Y  L  U  R  T  A  J  W  D  A  J  J
R  I  G  C  H  V  G  D  R  G  R  A  K  K  X  X  G  X  O  F
T  A  L  E  U  Z  F  I  O  I  L  Q  I  I  H  R  J  S  E  A
U  M  S  D  N  S  V  Y  V  U  R  E  D  Y  U  J  Y  W  I  J
G  T  T  H  E  Q  S  I  M  M  B  N  D  O  M  R  H  K  I  L
A  B  A  X  T  N  K  W  E  C  A  C  B  I  A  P  A  U  R  W
L  L  U  T  R  D  M  Y  E  L  P  M  M  G  U  V  Z  F  E  N
G  W  S  V  T  Y  Y  A  O  D  E  G  N  F  O  J  H  D  L  D
R  H  T  G  T  Q  W  P  R  X  E  U  O  L  M  H  I  E  A  C
L  G  R  U  X  A  T  D  U  K  H  N  S  M  A  L  T  A  N  Y
N  A  I  Z  J  T  X  L  I  Z  D  S  G  G  V  Y  O  C  D  P
S  P  A  I  N  S  B  U  L  G  A  R  I  A  F  Z  G  R  H  R
O  V  S  F  I  N  L  A  N  D  U  P  P  V  J  T  I  J  T  U
S  D  R  A  D  U  S  K  B  O  I  Q  R  A  V  Q  H  N  X  S
```

LATVIA	SWEDEN	SLOVENIA	PORTUGAL
LUXEMBOURG	ESTONIA	IRELAND	CYPRUS
AUSTRIA	ITALY	SPAIN	SLOVAKIA
MALTA	BULGARIA	GERMANY	POLAND
BELGIUM	FINLAND	ROMANIA	GREECE
HUNGARY	LITHUANIA	DENMARK	

Galaxies

```
Y Z C V R S N C R A M O S F S I G Z T B
J R V J T O B N X Y I E W N N R C S A W
P X O H L Q Z L D O E J A W E E K U D S
G V F S P I N D L E P T P B T R L N P O
C R P L V L Y X I O X V M W V E G F O M
T M V S P J X Z F E B L J M E X P L L B
A R B M P J S O S A O H A H W T Y O E R
U Q I B M A P X I H W K W D O A M W L E
Z S U A N I N E K X F T X S A H Y E M R
H F M A N E Z C L Y R A X C N N Y R G O
J I J Y R G J W A A K I O U D Y R T J W
P Z G W X I U S C K D D F L R I C Q G H
D O U B U Y U L E K E D C P O T A M N I
C O L T K I U S U I H B E T M E U I I R
H Z R C J Q X N E M R O Y O E V Z L C L
Y T I C M V R X O Z S X H R D T C K L P
N W L T N B A R N A R D S C A D D Y A O
Z Q H R F G B L A C K E Y E N E J W M O
X M Y T P I N W H E E L E V H E O A F L
L H I W V T P I W S M W J U O O B Y C T
```

TADPOLE	HOLMBERG	SOMBRERO	CARTWHEEL
SCULPTOR	PINWHEEL	SPINDLE	BARNARD'S
AQUARIUS	SUNFLOWER	PANCAKE	ZWICKY
BLACK EYE	TRIANGULUM	ANDROMEDA	WHIRLPOOL
MILKY WAY	SEXTANS		

Alaska

```
W G S O S O D T S E K A V I F S X A E V
I F D M Z O S O L Q M H V Y N I E X V O
P A K H E O A C W Y A R I A H G G P I S
K I K R O X R Q C P E T I G A C S A P S
K R X O Y I E N M Y F T M R H E S I N F
O B L G C G S T M I U V O C O W H B X F
S A G L C R O I O E N H S N K S A M H U
M N L A F E U K L O C I A D E I Y Y M I
Q K A A O I R A F N L C N S V O N L E H
G S C F F N C M A Y L Q I G P I G L E I
T M I D G D E M I O Q U A L P L N U E F
W M E H N E S J V K R Z E W E F M D K Y
E O R U R E P I I C F O N O I I Z R O T
A U S N M R Z F F I S H I N G E N L S I
L N U T W I L D L I F E B G A L P A P N
T T L I O U H T G K D X A L G D V G A U
H A T N U I R O C K I E S S L S X N F I
L I C G S X X T D X J T J X N R R O T T
B N T O U R I S M U R C G X I G Q M D P
J S O N P A A R C T I C P H X N B E B L
```

GLACIERS
INUIT
MCKINLEY
ROCKIES
ALEUTIANS
ANCHORAGE

VAST
NOME
ARCTIC
HUNTING
FAIRBANKS
VOLCANOES

MINING
HIGHWAY
TOURISM
RESOURCES
REINDEER
MOUNTAINS

FISHING
WILDLIFE
WEALTH
OILFIELDS
CRUISE SHIPS

Check the Map

```
B  B  F  T  J  E  S  F  M  Z  C  A  R  J  X  P  G  J  U  L
S  Z  V  B  W  W  S  K  T  Y  D  L  Z  F  Q  S  O  U  L  T
G  C  L  W  H  C  F  E  D  D  E  S  T  I  N  A  T  I  O  N
R  M  A  M  N  M  X  I  M  D  I  S  T  A  N  C  E  I  Y  J
E  I  R  L  U  X  R  P  X  J  O  D  Z  H  S  R  T  S  L  A
D  L  M  H  E  G  H  F  N  L  S  X  A  R  Z  K  X  M  S  O
N  E  O  T  W  V  X  N  Q  T  V  D  E  N  E  C  R  R  R  R
A  A  U  O  D  Y  I  X  I  R  S  B  R  U  X  O  O  H  U  I
T  G  N  W  C  F  A  X  Q  E  M  R  O  Y  Q  L  U  I  Q  E
I  E  T  N  I  O  E  D  R  U  C  B  A  L  S  O  T  G  Z  N
O  Y  A  S  Z  P  T  U  N  C  O  D  D  X  E  R  E  H  T  T
N  U  I  B  S  D  T  Y  J  X  O  W  S  C  C  S  E  W  A  A
A  B  N  R  E  A  Q  S  C  H  R  J  L  I  O  S  W  A  N  T
L  M  H  L  E  G  E  N  D  M  D  K  G  T  N  C  E  Y  J  I
P  F  C  F  R  S  C  A  D  V  I  L  D  I  D  C  F  S  B  O
A  Z  J  B  A  I  O  O  S  T  N  A  R  E  A  A  D  C  W  N
R  Q  O  D  D  Z  V  R  K  F  A  K  E  S  R  T  L  G  W  L
K  K  S  P  N  X  Q  E  T  M  T  E  H  S  Y  N  V  L  G  M
L  K  O  I  B  D  L  E  R  S  E  S  D  W  K  H  P  W  N  M
O  V  E  R  V  I  E  W  H  S  S  Y  E  W  L  B  N  X  I  G
```

DISTANCE	EXITS	ROUTE	TOWNS
SECONDARY	HIGHWAYS	FEATURES	GRID
LEGEND	OVERVIEW	DESTINATION	CITIES
SCALE	ROADS	LAKES	NATIONAL PARK
RESORTS	NUMBERS	MOUNTAIN	MILEAGE
COORDINATES	ORIENTATION	COLORS	RIVERS

Densely Populated Cities

```
I  B  Q  K  Q  C  K  R  P  P  W  W  P  N  N  H  S  H  S  L
D  O  E  E  D  I  F  Y  A  U  K  O  H  P  T  Q  F  E  H  H
O  G  Y  X  L  V  N  Z  N  I  V  R  Q  N  C  T  R  G  X  Z
M  O  V  U  P  X  J  C  I  M  A  C  A  U  M  D  S  S  I  Z
A  R  W  X  A  Y  I  T  H  L  H  C  H  Y  S  U  B  M  M  I
J  M  V  F  T  H  S  P  A  C  A  L  O  O  C  A  N  J  F  S
B  X  A  B  E  I  X  X  T  Z  V  G  S  H  P  A  R  I  S  N
U  O  M  N  R  J  T  N  I  Z  S  E  R  A  M  P  O  R  E  W
W  N  J  I  O  R  O  A  O  P  K  I  C  E  Z  P  W  A  M  A
X  A  C  K  S  R  V  B  G  G  T  B  H  T  O  B  P  O  D  L
A  I  D  B  I  B  N  P  B  A  J  L  E  L  R  A  N  D  H  L
H  H  A  A  H  N  I  E  K  G  R  D  N  A  H  R  A  Q  A  A
M  A  C  Y  J  H  B  A  I  U  K  H  N  H  W  A  V  E  K  H
E  T  W  L  L  S  M  M  Z  M  U  M  A  B  W  N  O  W  A  B
D  I  N  E  H  N  U  R  H  V  F  L  I  C  I  G  T  M  J  A
A  Z  D  K  T  B  A  F  M  A  L  A  B  O  N  A  A  E  I  D
B  B  I  M  A  N  I  L  A  E  M  B  E  Z  W  R  S  R  B  S
A  N  O  K  Z  B  G  H  X  L  S  K  O  L  K  A  T  A  Z  U
D  E  U  J  T  P  D  T  V  N  E  A  P  O  L  I  H  C  W  Q
H  S  I  R  L  I  O  D  J  G  V  I  N  C  E  N  N  E  S  R
```

NEAPOLI	BARANGAR	SERAMPORE	VINCENNES
MANILA	MALABON	CHENNAI	KOLKATA
DELHI	ALLAHBAD	NAVOTAS	NAIHATI
PARIS	PATEROS	BOGOR	TITAGARH
MAKATI	CAIRO	SUKABUMI	AHMEDABAD
PANIHATI	CALOOCAN	DHAKA	MACAU

Indianapolis 500 Winners

```
Z O G Y N H S I A L V Y Q Q C M H N U Z
F M C A S T R O N E V E S K A O R G K N
L M W X D M E A R S U X S B I N V F I O
A V R U T H E R F O R D O D J T Z K I P
H I A K X N F W R I C E L A P O X S K V
E L H F W H E L D O N A F I E Y C C L C
R L Y R S N E V A Z P E A V K A O I J H
T E Y A S I I A R I Y J L V X C Q S X E
Y N G N P P C X T A V K B X N W A X A E
A E S C K J C T J B H K H H K S C J B V
N U F H Y E I X W S C A O O D I X O N E
L V N I M F N K K A H J L X R L F T L R
D E U T U M W N R E L V Y O X N I G Z S
I N X T G N A B R U D U D H P Q I S W N
D C H I P H S F R B B B Y G W Z U S U I
A T A I G X P E Y O R S B E Z I S R H F
G V L A Z I E R R H B N K M N P M N V J
N P D V Q W K E E C H S V Z D D S O C K
H D K Q W C V C X C Q I O P F U Y D B D
Q Q G L H S U L L I V A N N D H G K G Z
```

SULLIVAN	WHELDON	LUYENDYK	RICE
UNSER	FLAHERTY	MEARS	ROBSON
VILLENEUVE	HORNISH	FRANCHITTI	BRACK
CHEEVER	JOHNCOCK	HANKS	CASTRONEVES
DIXON	KEECH	MONTOYA	RUTHERFORD
FITTIPALDI	LAZIER	RAHAL	SNEVA

The Kentucky Derby

```
P  D  G  V  T  Y  V  M  U  S  H  U  R  Q  S  L  R  D  F  H
L  L  O  M  W  T  U  R  O  N  E  G  G  G  D  I  R  T  Q  G
A  O  T  V  O  L  D  Z  R  H  C  A  N  V  D  W  C  Y  S  N
T  U  K  F  M  A  T  W  P  N  O  O  H  I  D  Z  B  X  W  R
P  I  L  Y  I  W  W  I  B  F  L  R  W  E  U  B  Z  U  A  S
B  S  Q  W  N  R  Y  S  M  R  V  M  S  M  R  F  R  I  L  U
E  V  Q  G  U  I  Y  E  U  T  R  V  W  E  G  O  G  U  E  C
I  I  Z  O  T  N  Z  F  D  A  A  Y  S  X  R  T  A  N  Q  Y
G  L  L  F  E  K  N  S  S  T  A  M  Q  A  C  A  B  L  N  H
R  L  J  O  S  E  L  T  B  H  F  J  F  I  T  Q  C  W  L  C
T  E  U  R  T  C  S  A  I  O  F  X  D  Q  U  U  O  E  W  R
P  I  N  G  P  O  Y  K  G  R  I  A  H  P  C  R  R  I  A  J
A  O  K  I  V  J  P  E  B  O  R  D  Z  B  C  G  S  D  V  I
K  S  N  N  M  B  N  S  R  U  M  J  S  E  V  W  Y  H  A  K
N  E  E  D  L  E  S  U  O  G  E  I  L  R  K  A  L  A  K  Y
V  A  U  Q  E  J  K  U  W  H  D  P  I  L  M  A  A  G  J  L
Z  V  M  M  E  R  E  I  N  B  I  B  A  R  B  A  R  O  B  M
A  R  I  S  T  I  D  E  S  R  T  V  G  I  A  C  O  M  O  V
K  G  G  L  R  B  L  M  T  E  S  V  W  M  E  H  N  F  N  X
Q  M  T  C  Z  Y  H  I  Z  D  U  B  V  P  M  B  W  X  S  X
```

BARBARO	TIM TAM	DIRT	AFFIRMED
THOROUGHBRED	PONDER	LOUISVILLE	SWALE
MAY	SATURDAY	STAKES	BIG BROWN
TRIPLE CROWN	GIACOMO	SEA HERO	NEEDLES
LAWRIN	TWO MINUTES	HORSE RACE	
TEN FURLONGS	ARISTIDES	GO FOR GIN	

South Dakota

```
P  S  E  D  I  S  P  E  A  R  F  I  S  H  T  R  I  P  H  H
W  S  Y  C  A  J  D  P  N  A  V  R  S  E  Y  J  C  I  A  Q
I  K  A  Q  B  T  G  U  X  J  E  W  E  L  C  A  V  E  R  J
N  C  N  Q  B  K  G  I  D  I  I  M  L  Y  A  M  T  R  N  E
D  Y  K  Q  O  B  Y  P  I  N  E  R  I  D  G  E  E  L  E  O
C  G  T  A  P  F  U  A  D  E  C  U  F  N  A  N  Q  J  Y  W
A  D  O  B  D  I  B  R  O  O  K  I  N  G  S  V  U  E  P  H
V  O  N  E  E  V  E  L  N  L  Z  O  K  E  Z  Y  K  F  E  S
E  L  G  R  A  I  W  R  O  C  C  B  D  Q  S  M  M  W  A  H
B  B  O  D  D  H  A  P  R  W  V  B  J  H  B  X  R  F  K  X
A  O  L  E  W  Q  Q  C  J  E  B  R  A  P  I  D  C  I  T  Y
D  X  D  E  O  L  B  I  G  S  I  O  U  X  G  P  O  I  R  R
L  E  R  N  O  Y  K  J  A  M  E  S  R  I  V  E  R  D  L  G
A  L  U  L  D  T  H  U  R  O  N  H  A  P  D  B  Z  K  C  W
N  D  S  C  I  U  B  R  A  N  D  O  N  S  Z  W  C  B  I  I
D  E  H  R  W  Q  I  N  P  T  R  B  Z  C  V  G  D  L  K  F
S  R  K  B  L  A  C  K  H  I  L  L  S  U  I  H  X  R  B  Q
Q  Y  S  R  G  A  L  A  K  E  O  A  H  E  J  D  R  S  Q  H
E  A  S  T  R  I  V  E  R  W  H  I  T  E  R  I  V  E  R  L
I  J  K  K  E  R  O  P  B  S  I  O  U  X  F  A  L  L  S  T
```

HARNEY PEAK	JAMES RIVER	EAST RIVER	SPEARFISH
LAKE OAHE	PIERRE	GOLD RUSH	YANKTON
BLACK HILLS	ABERDEEN	PINE RIDGE	JEWEL CAVE
BROOKINGS	WHITE RIVER	BADLANDS	DEADWOOD
BOX ELDER	WIND CAVE	RAPID CITY	BRANDON
SIOUX FALLS	HURON	BIG SIOUX	

US State Capitals

```
I  W  Y  U  L  R  P  F  X  J  L  P  J  A  C  K  S  O  N  F
A  M  B  V  E  C  B  E  E  V  B  A  A  F  V  C  Q  R  I  T
H  H  O  V  P  A  U  G  U  S  T  A  N  T  D  M  K  P  C  P
M  L  N  E  R  L  Q  S  H  T  U  L  Y  S  L  P  M  D  L  P
T  E  C  H  A  R  R  I  S  B  U  R  G  Y  I  A  N  J  F  B
D  Z  I  O  J  X  Q  Z  K  B  E  C  N  V  U  N  N  U  O  P
F  M  F  S  Q  C  H  E  Y  E  N  N  E  R  I  J  G  T  T  G
X  C  M  Y  C  U  A  L  B  A  N  Y  N  L  S  D  K  D  A  F
P  F  T  K  A  N  Y  Q  T  B  O  I  S  E  L  V  M  B  M  V
L  D  E  S     M  O  I  N  E  S  G  B  I  J  N  H  N  R  H
L  I  U  N  W  P  B  Y  H  F  E  W  D  K  X  G  O  E  G  U
K  L  F  A  B  H  E  R  W  R  T  J  O  M  E  T  I  I  A  S
Q  O  N  S  H  O  Z  C  V  K  L  A  V  Q  N  L  E  E  U  H
M  O  P  H  O  E  S  S  M  C  N  Q  E  E  E  L  N  B  T  N
B  Y  O  V  N  N  G  P  L  E  X  A  R  P  A  U  M  I  V  K
N  L  Y  I  O  I  B  L  L  B  K  T  T  R  J  U  W  V  M  M
D  Z  B  L  L  X  S  E  R  E  U  N  F  T  L  K  Y  H  M  W
W  S  M  L  U  H  H  Q  P  V  O  D  A  O  J  O  Z  K  Z  A
H  V  M  E  L  U  Z  O  L  M  V  R  C  D  Q  W  W  B  V  E
N  R  A  G  U  E  T  M  O  N  T  G  O  M  E  R  Y  H  W  A
```

JACKSON	MONTPELIER	DOVER	TOPEKA
JUNEAU	ATLANTA	HARRISBURG	TRENTON
LANSING	CHEYENNE	HELENA	AUGUSTA
MONTGOMERY	COLUMBUS	NASHVILLE	BOISE
ALBANY	DENVER	PHOENIX	
HONOLULU	DES MOINES	RALEIGH	

California

```
S  L  X  I  I  A  M  M  O  R  E  N  O  V  A  L  L  E  Y  W
U  I  S  N  T  Y  O  I  I  R  V  I  N  E  B  Y  K  B  I  Q
N  Q  A  M  G  N  P  Y  Y  R  I  V  E  R  S  I  D  E  S  B
N  Q  N  L  S  T  O  C  K  T  O  N  E  S  X  B  A  F  A  B
Y  M  J  M  A  N  A  H  E  I  M  F  R  E  M  O  N  T  N  C
V  K  O  O  Z  V  I  O  D  K  N  O  L  V  F  B  I  L  D  P
A  O  S  D  X  J  O  C  Z  A  Z  D  H  S  W  E  S  C  I  G
L  C  E  E  F  E  Q  F  H  S  Z  Z  T  A  D  J  G  S  E  V
E  E  C  S  X  X  K  L  E  U  I  M  H  S  Y  B  G  S  G  S
A  A  K  T  F  K  X  L  O  O  L  D  Z  U  I  W  E  K  O  A
O  N  D  O  J  O  E  S  A  N  T  A  A  N  A  I  A  H  T  N
P  S  A  O  R  G  N  X  L  B  G  E  V  G  Y  J  Z  R  Z  F
Q  I  R  Z  N  A  F  T  C  X  O  B  S  I  G  X  J  P  D  R
O  D  B  A  U  D  R  F  A  D  L  N  E  C  S  X  A  N  L  A
A  E  S  R  L  X  E  T  R  N  V  C  Q  A  O  T  U  S  I  N
K  O  U  S  K  R  S  H  Q  P  A  Q  G  Q  C  N  A  K  J  C
L  V  O  V  I  M  N  V  W  X  N  H  U  G  Y  H  D  Q  J  I
A  P  K  B  X  E  O  S  A  C  R  A  M  E  N  T  O  I  U  S
N  I  W  B  Z  M  G  L  E  N  D  A  L  E  S  F  C  D  D  C
D  O  Y  S  J  H  E  F  B  A  K  E  R  S  F  I  E  L  D  O
```

OCEANSIDE	HAYWARD	SAN FRANCISCO	ANAHEIM
RIVERSIDE	IRVINE	SAN JOSE	BAKERSFIELD
SACRAMENTO	LONG BEACH	SANTA ANA	CHULA VISTA
FREMONT	MORENO VALLEY	LOS ANGELES	ESCONDIDO
FRESNO	OAKLAND	MODESTO	FONTANA
GLENDALE	SAN DIEGO	STOCKTON	SUNNYVALE

Argentina

```
W  J  K  C  J  A  C  A  R  A  N  D  A  J  M  S  J  T  O  Y
O  D  E  Y  X  N  P  E  Q  C  O  T  U  C  U  M  A  N  D  U
O  Z  R  S  Q  Q  D  J  M  O  A  S  Y  D  C  K  V  L  L  S
E  K  J  S  F  U  N  N  R  E  L  B  H  P  R  J  E  E  E  M
Y  D  E  Q  U  O  I  H  Z  I  R  A  H  S  H  I  L  R  U  S
G  G  W  R  Q  P  R  L  E  A  I  L  E  H  F  Q  I  F  O  G
C  O  R  D  O  B  A  M  M  N  N  X  O  N  Y  A  K  K  W  N
O  S  A  N  L  U  I  S  O  E  N  D  A  I  S  W  N  Q  E  F
Y  P  A  Q  S  W  G  G  N  S  S  B  E  O  O  X  D  A  S  B
K  R  J  H  Z  A  A  P  E  F  A  Y  N  S  Z  P  T  V  N  E
I  I  V  B  L  T  N  F  W  M  F  E  B  K  V  A  C  A  S  P
I  O  N  G  A  A  A  T  G  R  U  Z  H  B  L  I  O  B  Y  O
P  C  U  P  Z  T  P  X  A  B  J  U  L  P  O  D  G  Q  Z  R
O  U  T  W  N  B  D  L  R  C  G  A  L  T  I  E  R  I  D  T
S  A  K  A  M  R  Q  S  A  I  R  E  Q  A  K  Z  P  L  X  E
A  R  S  J  K  V  T  F  G  T  D  U  I  J  N  Y  I  G  U  N
D  T  R  O  S  A  R  I  O  R  A  K  Z  J  M  O  N  W  B  O
A  O  S  A  N  R  A  F  A  E  L  F  S  A  N  J  U  A  N  S
S  N  U  O  E  U  Y  M  D  K  J  A  M  E  N  D  O  Z  A  T
U  V  N  A  C  C  A  T  A  M  A  R  C  A  V  J  P  T  S  W
```

QUILMES	POSADAS	JACARANDA	SANTA CRUZ
RIO CUARTO	ROSARIO	MENDOZA	SANTA FE
PORTENOS	SAN LUIS	MERLO	SAN JUAN
SAN RAFAEL	CORDOBA	PATAGONIA	TUCUMAN
BUENOS AIRES	FORMOSA	ANDES	LA PLATA
CATAMARCA	GALTIERI	BANFIELD	MAR DEL PLATA

House Proud

```
H X Z D M T K H M J D T L C E J V H J K
Z H F F I T T U X G N E L O Q H X X F X
B S H S I E Q M H E T V V C C C E M B M
S H D G L C E S M O N T I V O H Q G B N
H E T U Q Y M T H L D F N G T Y O I I D
B U H U T A R K Q N S O H W T Z U U B R
I U Z D W A K G E X I O O Y A S F W S D
I C K G P S H K S S K F U D G A S V L E
X S I A P H Y J N X S J S B E D P E G M
B W E E T A J A B X S D E H Z N T O A A
K T D L M C M Z I E P H B N A S N A X I
O D M U F K R Z Y B A W O V O T E D T S
C T E P A L A C E D N I A H P T Z H T O
Y H E L O G C A B I N R T X F S E U K N
G P A Y I G L O O K A C T P T T H N N E
V U K L P Y O I R C S M E A B D E I T T
Z J F F E C P L F S O V U I U L O B Z T
K V J Z U T X H L M P U Q M Q W V Z V E
F E B H U N Z J A J B U N G A L O W U R
U J T T T P C S T J A A V Q U M G Q H G
```

FLAT
HOSTEL
BUNGALOW
CARAVAN
CHALET
COTTAGE

HOTEL
MUD HUT
PALACE
SHACK
TENT
WIGWAM

HOUSE
HOUSEBOAT
HUT
IGLOO
LOG CABIN
MAISONETTE

APARTMENT
BEDSIT
MANSION

In Africa

```
B O W X X A T D A S W L C S L E N K G G
F S O H D V T U J M O R O C C O L H L M
I A I N F Y B I Y U F J X N I G E R X V
B L A G H S M A G T W Z N F K U R A X D
R W F E T H I O P I A I Q S H Q I O C W
R Y Z T U B F A J X M J U E U R G F E T
L O O M A L I C M R U S A G E D K A R Y
C N S O M A L I A X C G R G A D A M R M
J E W O K B S E M L H S L S P N T N K J
L K T L B A S O P Q I A E C H A D Q V H
U I Z H N S E D G O B B N N F Y S A S F
L H Y A W R K H L V J O E A E D K Y U B
U B H V C B A N G O L A T R M G D U F M
G G A G T M Z M E E A Y M S I I A D V A
D N C B A O J L S I T J M U W A B L D L
O Q G E P B T B B U A B O M B A B I Q A
F A C N I V O M F W X U F I M Y N S A W
Y T W I M J A N C C D D X D F L P A G I
N G M N E G Y P T K E N Y A N I V I O R
G J W P V V H Z A M B I A U P E H Z G J
```

SUDAN	EGYPT	KENYA	MOROCCO
UGANDA	GAMBIA	LIBERIA	NAMIBIA
ZAMBIA	NIGER	MALAWI	SOMALIA
ALGERIA	RWANDA	ANGOLA	ETHIOPIA
BOTSWANA	SENEGAL	BENIN	GABON
CHAD	GHANA	MALI	

How Colorful

```
Y  M  X  J  S  E  E  Q  J  M  O  A  Q  V  K  C  H  O  L  X
F  P  L  P  B  Q  R  B  M  F  E  T  P  H  A  A  R  T  O  T
Y  X  A  M  N  U  C  C  D  D  M  O  S  C  J  C  S  F  R  Q
Q  P  N  W  F  A  T  E  I  M  X  G  Z  D  A  O  W  L  B  D
F  Z  D  B  R  C  T  T  D  U  O  S  M  R  C  E  E  P  W  T
G  N  S  J  C  T  D  U  E  N  P  Q  U  P  T  U  E  V  C  E
F  W  C  H  K  V  R  I  R  R  C  X  M  I  X  L  T  E  R  K
D  H  A  A  Z  A  E  G  M  E  F  J  K  J  G  X  S  Z  A  X
S  O  P  R  N  S  A  X  J  A  I  L  F  I  L  C  V  I  Y  O
Z  T  E  R  G  T  M  R  H  A  E  R  Y  R  P  K  K  P  O  J
H  I  Y  B  Z  V  R  W  F  R  E  K  A  Z  P  A  M  U  N  Y
B  U  R  I  T  B  L  S  F  K  J  L  P  I  B  T  I  W  S  Z
R  F  H  R  Z  D  K  G  L  U  U  C  Z  M  N  H  R  N  K  L
X  X  G  D  W  C  Y  B  O  O  S  C  Z  C  M  B  L  E  T  S
N  H  R  S  O  E  N  Y  W  E  R  F  Y  D  M  I  O  Y  E  Y
Q  J  K  C  N  G  R  J  E  F  S  Y  O  X  S  K  Y  W  V  S
X  A  A  H  J  S  V  Q  R  K  A  O  E  I  E  V  O  D  I  W
C  E  G  M  T  O  Y  S  S  L  F  Q  Z  R  I  J  W  A  H  U
P  V  C  L  O  T  H  E  S  F  U  D  O  N  Z  F  X  Z  K  G
E  F  U  H  N  Q  K  U  S  C  E  N  E  R  Y  C  V  L  C  N
```

PAINT	FOOD	TOYS	BIRDS
PEACOCKS	IDEA	RAINBOW	BUTTERFLY
CRAYONS	KITE	SCENERY	SWEETS
DREAM	LANDSCAPE	TREES	SKY
FLOWERS	NATURE	ART	CLOTHES

VINTAGE

Solutions

Page 3

```
O _ _ _ _ _ _ _ T I G H T R O P E _ _ _
S _ _ _ _ _ P A L E R I D E R _ R _
C _ _ _ _ _ R A W H I D E E _ _ _
A _ A N T I H E R O R _ _ _ R P C _ _ _
R _ _ _ _ _ E _ _ O I _ A _ _ _
P R O D U C E R T _ _ _ T N _ L _ M
_ _ _ _ _ _ F _ _ C S C _ _ I _ Y
_ _ _ _ A _ _ _ E N _ H _ _ F _ S
_ F _ _ E _ _ R A _ A _ _ O T T
_ I _ _ R _ _ I C _ _ N _ R E I
_ R _ E _ _ _ D I _ _ _ G _ N H C
_ E H _ _ _ R _ _ _ _ _ E _ I A R
_ F _ _ E _ _ _ _ _ L _ A M I
_ O _ _ _ M H A N G E M H I G H _ A V
X _ A _ _ _ _ _ _ _ N _ _ _ _ E
S A N F R A N C I S C O _ G _ _ _ _ R
_ _ _ _ _ _ U N F O R G I V E N _ _
_ _ _ _ _ _ _ P O L I T I C I A N _
_ _ _ _ _ M A V E R I C K _ _ _ _
_ A C T O R _ _ _ _ _ _ M A Y O R _ _ _
```

Page 5

```
A _ _ _ _ _ _ I S A B E L L A _ _ _ H _
S L _ _ _ _ E _ M _ _ _ _ _ _ S _ T _
H _ M _ R _ _ _ I _ E _ _ E _ A _ _
A _ _ A U _ _ _ _ _ L _ A N _ M _ _
S _ _ L N _ _ _ T _ L O R A _ _
T _ C _ _ O _ _ A _ _ L E L L T _
A C _ _ _ R L _ _ E _ K R _ A _ _
M H O N E Y F _ _ M _ R _ T _ _ H _
_ B _ _ E _ _ W _ E _ _ U _ O _ _ O _
_ _ _ E N _ _ E _ W _ _ S _ _ N _ _ E
_ _ N I R _ N _ O _ _ A _
_ _ P A _ R _ L _ _ V _ _
_ T O C _ _ _ A _ Y _ E E _ _
_ _ _ R _ I _ E H _ E _ S C _ A _ _ F
_ _ O I _ M _ S L _ O _ L _ M G _ _ O
_ _ V _ N _ I W S O _ _ E _ _ O L _ L
_ _ _ I _ _ I O E G A _ _ A _ _ _ N E S
_ _ _ L _ R T _ N _ _ _ R _ _ _ O O
_ _ L C _ _ Y _ T _ _ _ _ _ _ _ M
_ _ E _ _ _ _ _ _ O _ T U L E _ _ _
```

Page 7

```
T A Y L O R S V I L L E _ _ _ P _ _
_ _ _ _ S P R I N G V I L L E _ R _ _ _
S A L T L A K E C I T Y _ _ _ _ _ O _ _
_ _ _ _ _ _ _ _ _ L _ _ _ L _ V _
_ _ _ _ _ _ U _ _ _ _ _ O _ _ O _
_ W _ _ _ _ F R I V E R T O N G _ _
_ E _ _ _ I _ Y _ _ _ _ _ A _ _
_ S _ _ T _ S T _ _ _ _ _ _ N _
_ T _ _ N _ _ I O Y _ O G D E N _ _ S
_ J _ _ U _ _ C _ D U _ _ _ _ _ P
M O _ O _ _ R _ N _ T _ _ _ _ _ A
I R B _ _ A _ A _ _ H N _ M _ _ N
D D _ _ D _ S _ _ _ O J _ U _ _ I
V A _ E _ _ _ _ _ T _ _ O R _ _ S
A N C T O O E L E _ Y R _ _ M R _ _ H
L _ _ _ _ _ A _ _ O E _ A D _ _ F
E _ _ _ _ _ L _ _ R Y I Y _ A _ O
_ _ _ _ _ _ _ _ O _ H _ _ N R _ _ K
_ _ _ _ _ _ _ _ E _ _ _ _ _ _
_ _ _ D R A P E R _ L _ _ _
```

Page 9

```
O _ _ _ _ B I F O C A L S _ _ _ _ A _ I
D F _ _ _ _ _ _ _ _ _ _ P _ _ _ _ U _ N
O R _ S T A T E S M A N H _ _ _ T F V
M A P O O R R I C H A R D O _ _ H R E
E N _ E L E C T R I C I T Y R _ _ O E N
T K _ _ _ H _ _ _ _ _ _ B I _ R E T
E L _ F _ _ U _ _ _ _ O _ S _ M I
R I _ O _ _ T T _ _ _ S _ M A O
_ N _ L _ U _ P S C _ L _ P T _ _ S N
S _ _ I _ N I O D H _ I _ O _ _ O S
_ T _ _ G T D _ L I I _ B N L _ N _
_ O _ _ N H _ I _ Y P N _ R _ I' _
_ V _ S E _ _ T _ N H M L S _ A _ T _ _
_ E _ I W _ _ P N A G _ A O O _ R _ I
_ _ C _ _ I _ _ R I _ F _ T M N _ Y _ C
_ S _ _ _ M O _ I N _ A _ H A _
_ _ _ _ _ B F _ N G _ T _ _ T _
K I T E E _ _ _ I _ _ T R _ H _
_ _ _ _ D _ _ _ N _ _ E O _ E _
_ P H Y S I C S _ _ _ S _ _ R D _ R _
```

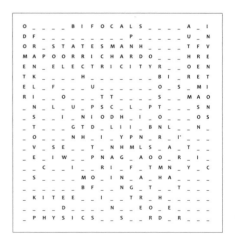

Page 11

```
_ _ _ _ _ _ _ _ _ _ _ _ _ _ _ _ _ _ _
_ _ B _ _ _ _ _ _ _ _ _ P I E R C E _ _
_ _ L _ R O B I N S O N _ _ _ K _ _ C
_ A O _ _ D _ _ _ B O U V I E R O _ _ H
_ X O _ _ _ A _ _ _ _ D O U D S R _ _ I
R S M _ _ N _ N _ _ _ _ _ E T _ _ L
U O E _ A W _ _ D R _ _ M _ _ R _ _ D
D N R Y _ _ A _ R _ O M _ _ I _ R
O _ R _ _ _ L _ _ I Y D _ _ G _ _ E
L _ _ _ _ _ L G S D _ H _ _ H _ S
P K L I N G _ H _ A _ _ G _ A D T _ S
H A S _ _ _ A _ R C _ _ E _ M E _ _ _
_ P A H _ _ _ R _ D _ E _ _ _ N _ _
_ P X E _ _ R _ I M C C A R D L E T _
_ L T R _ _ I W N _ _ G O O D H U E _
_ E O R _ _ S E E _ _ _ _ _ _ _ _ _
_ T N O _ _ O L R _ _ _ _ _ _ _ _
_ O _ N _ _ N C _ _ _ _ _ _ _ _ _
_ N _ _ _ _ _ H _ _ _ _ _ _ _ _ _
```

Page 13

```
_ _ _ _ _ _ _ _ J _ M _ _ _ _ _ _ _ _
_ _ _ _ _ _ _ A _ A _ _ _ _ _ _ _ D _
_ _ _ _ _ _ _ B _ R _ _ _ _ _ _ _ U _
_ _ O _ _ _ _ C H A M B E R L A I N N _
_ _ N _ _ _ B O S H R _ U _ _ _ _ C _
_ _ E _ _ _ _ _ _ _ R _ B _ A _ _
_ _ A _ _ _ _ _ _ _ _ Y I _ N _
K L _ _ _ W E B B E R _ _ R _ T _
I _ _ _ _ _ _ _ _ _ D _ N _ _
D H _ _ N O W I T Z K I _ A _ _ _
D O _ _ _ _ _ _ J _ _ _ Y _ _ _
_ W _ _ _ _ _ _ O _ _ R _ _ _ K
A _ _ N _ _ _ R _ A B _ _ _ I
_ R E O _ M _ D _ N L _ _ N R
_ D D S _ _ U _ A _ _ O T _ _ O I
_ A N _ _ S T _ N _ S _ _ H S _ L
W H _ _ _ E _ O _ A _ _ R O _ E
O _ _ _ M _ _ M G _ _ E _ N _ N
J _ _ _ A _ _ B _ _ V _ _ _ Y K
_ _ J _ _ _ O _ _ I _ _ _ _ _ O
```

Page 15

```
_ _ _ G R E A T S P H I N X _ _ _ _ _
_ _ _ K _ _ _ _ N I A G A R A F A L L S
_ _ _ _ R _ _ _ M A C H U P I C C H U _
M O U N T E V E R E S T _ _ _ _ _ _
_ _ _ _ _ M _ _ _ _ _ U _ _ _ A
_ _ _ _ _ _ L P E T R A L _ M _ C
L _ _ _ _ _ I _ _ _ U _ S R _
O _ _ _ _ N _ _ E _ R _ T O
_ C _ M _ _ _ _ S _ E U O P
_ H _ A _ _ S _ _ I _ N O
N _ N _ _ _ O _ _ F _ E L
E _ N _ _ _ L _ _ F _ H I
S _ E _ _ O _ _ E _ E S
S _ K _ C _ _ _ L _ N B
_ _ E _ A N G K O R W A T T _ G I
_ _ N _ _ G R A N D C A N Y O N E _ G
_ _ P _ _ P A R K G U E L L W _ _ B
_ _ I _ _ _ _ _ _ E _ _ E
_ _ _ S T A J M A H A L _ R _ _ N
_ C H I C H E N I T Z A _ _ _ _ _
```

Page 17

```
_ _ C _ V I R G I N I A _ _ _ _ _
_ _ _ O _ M _ _ V A L L E Y F O R G E _
_ C _ M _ O _ _ _ _ _ _ _ _ _ _ _
_ H C _ M J U _ C O L O N I E S _ _
_ E A _ A _ N _ _ _ _ _ R _ T
_ R B _ _ Y N _ T _ _ E _ M _ H
F R R I L _ T _ D _ V _ _ H _ A I
I E Y N E _ R _ E _ E T _ T _ R R
R V T E A _ E _ _ R A R S _ _ T T
S O R T R _ A _ _ F _ E N _ H E R
T L E S D _ T _ G R N _ O _ A _ E O
P U E Y E _ Y _ N E O _ _ N J _ N O
R T _ S R _ _ I T H _ _ _ _ _ O _ P
E I _ T _ _ D N _ D O L L A R _ H _ S
S O _ E _ N A _ _ _ _ _ _ _ N _ _
I N _ M U L _ _ _ _ _ _ A _ _
D _ _ O P _ _ _ _ _ _ _ D _ _
E _ F D E L A W A R E R I V E R A _ _
N _ _ _ _ _ _ _ _ _ _ _ _ M _ _
T _ P H I L A D E L P H I A _ _ S _ _
```

Page 19

```
M _ _ _ C H A M B L Y _ _ _ _ _ _ _ _ _ _
I _ _ _ S A I N T _ E U S T A C H E _ _
R _ _ _ _ _ _ Y L _ M A S C O U C H E
A _ _ _ _ _ A D A G A T I N E A U D _
B _ _ _ _ A N R L V _ _ _ _ _ _ R _
E _ _ _ M E A I B A _ _ _ S _ _ M U _
L _ _ L U S U _ L L _ _ _ H _ _ O M _
_ _ A G S E _ T A _ _ S V E _ _ N M _
_ _ A O U _ _ E I _ R B H I R _ _ _ T O V
S R G R _ _ R N _ E O A C B _ _ R N A
B N _ I _ _ R V _ P I W T R _ _ E D R
_ O _ _ M _ _ E I _ E S I O O _ _ A V E
L _ _ _ O _ _ B L _ N B N R O _ _ L I N
_ _ _ _ U _ _ O L _ T R I I K _ _ L N
_ _ _ _ S _ _ N E _ I I G A E _ _ L E
_ _ _ _ K _ _ N _ _ G A A V _ _ _ E S
_ _ _ _ I _ _ E _ _ N N N I _ _ _ _ _
_ _ _ _ _ _ _ _ _ _ Y D L _ _ _ _ _ _
_ _ _ _ _ _ _ _ _ _ _ L G R A N B Y
_ _ _ _ _ _ _ _ _ _ E _ _ _ _ _ _ _
```

Page 21

```
_ _ _ _ _ _ _ V C O L U M B I A _ _ _
_ _ _ _ _ _ _ _ A _ _ _ _ _ _ _ _ _ _
_ F R E E D O M L C H A L L E N G E R _
_ _ _ _ _ _ _ E _ D E F F E N D E R _
_ _ _ _ _ _ _ N _ _ _ _ _ _ _ _ _ _
_ _ _ _ _ _ _ C _ _ A U C K L A N D _
S _ _ _ _ _ _ I _ _ _ I N T R E P I D
A _ _ M _ _ A _ T R O P H Y _ _ _ _
I _ _ A _ _ _ R E S O L U T E _ _
L _ _ Y R E L I A N C E L I B E R T Y
I _ _ F A _ _ _ _ _ _ _ _ _ _ _
N F _ L M _ _ _ _ _ _ Y _ _ _ _
G R _ _ O E N _ _ _ _ _ A L I N G H I
_ E _ _ W R _ E _ _ _ _ C _ _ _ _
_ M _ _ E I _ _ W _ _ _ H _ _ _ _
_ A _ _ R C _ _ P _ _ _ T _ _ _ _
_ N _ _ A _ _ _ O _ _ S _ _ _ _
_ T R A I N B O W _ _ R A N G E R _ _ _
_ L _ N E W Y O R K _ _ T _ _ _ _
_ E _ _ _ _ _ _ _ _ V I G I L A N T
```

Page 23

```
_ _ D A Y T R I P _ _ _ _ _ _ _ _
_ _ _ _ _ _ _ _ T O U R G U I D E _ _
_ _ _ _ _ G S _ _ _ _ _ S _ _ _ _ _
_ _ _ _ K U _ T U N D R A _ _ _ _ N
_ _ _ L _ _ L _ _ F A I R B A N K S A
_ _ _ A _ _ _ F _ L _ _ _ _ F _ _ T
_ _ W N A T U R E O E _ _ _ _ I _ _ I
A N C H O R A G E T F _ _ _ _ S _ _ O
W I L D L I F E S _ A _ _ I H _ _ N
_ _ _ _ _ _ L _ _ L P L _ I _ _ A
_ _ _ _ _ L _ _ _ I A _ _ N _ _ L
_ _ _ K E _ _ _ R N S _ G _ _ P
_ _ _ G E _ _ _ T E S _ K _ G A
_ _ N _ _ N _ _ D D R _ _ A _ L R
_ A _ _ _ A N A _ _ _ _ C _ A K
_ R _ _ _ U I E _ _ S I _ _ C S
W _ _ _ _ O _ B _ _ N H _ D I
_ _ _ _ R _ _ _ _ E _ I L _ E
E X C U R S I O N S _ C _ _ O P _ R _
_ W I L D E R N E S S _ _ _ C _ _
```

Page 25

```
_ _ _ _ _ F I E L D E R A _ _ C _
L I N C E C U M _ _ _ _ _ R _ _ A _
_ _ G _ _ _ _ _ _ O _ I _ _ _ I _
_ _ R _ S _ _ N O E A _ _ _ N _
_ _ E _ A _ _ A T X R _ _ _ _ R
_ _ I _ B _ _ I I I E _ _ O _ _ O
_ N _ A _ _ R Z E R _ _ O _ _ H D
_ K _ T _ O _ T B _ H T _ _ H D
_ _ E _ H S _ A D _ T A _ _ A R
_ _ _ I _ _ C R _ O _ _ M _ _ L I
_ _ _ A _ _ O _ V _ _ _ E _ L G
_ _ _ _ _ F _ _ _ _ _ _ _ L A U
_ _ _ S _ W V E R L A N D E R _ S D E
K _ A _ _ _ _ _ _ _ J _ _ _ A Z
E _ R _ N S _ _ _ _ _ E _ _ Y _
M C _ _ L T _ _ _ _ _ T _ _ _ _
P _ _ L _ _ A H O W A R D _ E _ _
M A U E R _ _ _ N _ _ _ _ _ R _ _
_ W _ _ _ _ _ _ A _ H E R N A N D E Z
H A M I L T O N G O N Z A L E Z _ _ _ _
```

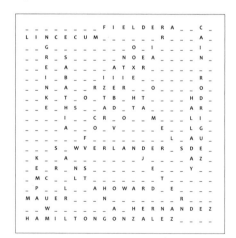

Page 27

```
_ _ _ _ _ _ _ _ S _ _ _ _ _ _ _ _ _ _ _
_ _ _ _ _ _ _ _ A _ _ _ _ _ _ _ _ _ _ _
_ _ S E R A M N H A L M A H E R A _ _ _
_ _ N _ _ T _ _ _ _ E _ P _ _ _ _ _ _ _
_ _ O _ _ _ I _ _ _ U E _ _ _ _ _ _ _ _
_ _ B _ _ _ A _ B _ _ B L _ _ _ A _ _ _
M M _ _ _ _ G U _ O E _ _ B _ _ _ _ _ _
A _ _ _ _ _ O S _ E N _ M _ _ _ _ _ _ _
L _ _ _ _ _ J H _ A G E _ _ _ C _ _ _ _
T _ _ _ _ _ O R _ _ _ P _ A _ O _ _ _ _
A _ B _ _ L O _ N T _ _ R _ _ R _ _ _ _
_ _ A _ _ _ O D I _ _ A I _ _ _ S _ _ _
_ _ S _ _ _ _ L _ _ E B _ _ _ I _ _ _ _
_ _ I _ _ _ _ A _ _ D _ L _ _ C _ _ _ _
_ _ L _ _ B H _ _ A _ _ _ A _ A _ _ _ _
_ _ A _ U K U _ _ M _ _ _ _ S _ _ _ _ _
_ _ N L A _ _ T _ _ S A N D W I P _ _ _
_ _ O S _ _ _ _ _ O _ _ B I N T A N _ _
_ _ _ P _ _ _ _ _ _ N _ _ _ _ _ _ _ _ _
_ U _ _ _ _ _ _ _ _ _ _ _ F U N E N _ _
```

Page 29

```
_ _ _ S T R A T A _ _ _ _ _ _ _ _ _ _ _
_ _ M A R B L E C A N Y O N _ _ _ _ _ _
_ _ _ _ S A N D S T O N E _ _ _ _ _ _ _
L _ S C H I S T _ _ _ _ _ _ _ _ _ _ _ _
A _ _ _ E _ _ _ _ _ _ _ G E O L O G Y _
R C _ T _ _ A _ _ _ _ _ _ _ _ _ _ _ _ _
G _ O _ O _ _ G _ R O C K F A L L S _ _
E _ _ L _ U H E L I C O P T E R T O U R
S U _ _ O _ R _ E _ _ _ _ _ S _ _ F _ _
I _ N S _ R M I L _ R _ _ _ _ O _ _ I _
Z _ _ I T _ A O S I _ O _ _ U _ H S A _
E G _ _ T E _ D H M M _ C _ T _ U S R _
_ _ R W _ E E _ O A _ E _ K _ H _ A U I
_ _ _ A A _ D P _ R V _ S _ R _ L R Z _
_ _ _ N L _ S S _ I E _ T _ I _ A E O _
_ _ S _ _ I L _ T I _ V P _ O M _ P _ N
_ _ H _ _ T S _ A D _ E O _ N _ A _ A _
_ A _ _ _ E _ _ T E _ R I _ E I _ _ _ _
_ _ L C H A N N E L S E S _ _ N _ _ _ _
_ E _ _ _ _ _ _ _ _ _ _ _ S _ _ T _ _ _
```

Page 31

```
_ _ _ _ _ _ _ S N O R K E L L I N G _ _
_ _ _ _ A _ A L O H A S T A T E _ _ _ _
O A H U _ _ R _ _ _ _ _ _ _ C _ _ _ _ _
_ _ _ _ _ C _ _ _ _ _ _ A _ _ _ _ _ _ _
_ T _ _ _ _ H _ _ _ L _ _ S _ _ _ _ _ _
_ _ R T _ _ _ I _ _ A _ S D _ _ _ _ _ _
_ O O _ _ K _ _ P P _ L N _ _ _ _ _ N _
F _ P U _ A _ _ L E I A _ _ _ A B _ _ _
R _ I R _ U _ A _ A L _ I _ E A _ _ _ _
E _ C I _ A _ Y S T S _ A S _ C _ G R _
S _ A S _ _ I O E K I _ K E G O _ N A _
H L T _ R O C _ E O H _ C O I _ G C _ _
F _ _ S _ _ N O _ W L C _ I _ V _ N K _
I _ _ _ _ A C _ A O A _ F _ I _ I _ O _
S _ _ _ C _ _ L M E _ I _ D F _ _ B _ _
H _ _ L _ I O _ B C A _ R _ _ _ A _ _ _
_ _ O _ U O _ _ A _ B _ U _ _ _ _ M _ _
_ V _ A H _ _ _ P _ U S _ _ _ _ _ A _ _
_ _ M A _ _ _ C _ _ H O N O L U L U _ _
_ _ K _ _ _ _ _ S _ _ _ _ _ _ _ _ _ _ _
```

Page 33

```
T _ _ _ H O L L Y W O O D H I L L S _ _
O _ _ _ C E L E B R I T I E S _ _ _ _ _
U _ _ _ H O L L Y W O O D S I G N _ _ _
R O _ _ F O O T P R I N T _ _ _ _ _ _ _
I S _ _ L O S A N G E L E S G L I T Z _
S C _ _ W A X M U S E U M _ _ _ _ _ _ _
T A _ _ _ C I N E R A M A D O M E _ _ _
S R _ _ _ _ _ _ _ A G E N T S _ _ _ _ _
_ S _ _ _ E N T E R T A I N M E N T _ _
_ H B E V E R L Y H I L L S _ _ _ _ E _
T A B O U L E V A R D _ _ _ _ _ _ F E _
I N _ _ _ T H E A T E R S _ _ _ _ I M _
N D _ _ _ _ _ _ _ _ _ _ _ _ _ L A _ O _
S P _ _ _ _ M O V I E S T F _ I _ _ _ _
E R _ _ _ _ _ _ _ _ _ H F _ D _ _ _ _ _
L I _ _ _ _ _ _ _ _ _ G O _ U _ _ _ _ _
T N _ _ _ _ _ _ _ _ I K _ T _ _ _ _ _ _
O T _ _ S T A R S _ N L _ S _ _ _ _ _ _
W S _ _ _ _ _ _ _ A _ _ _ _ _ _ _ _ _ _
N _ _ _ _ _ _ _ _ W _ _ _ _ _ _ _ _ _ _
```

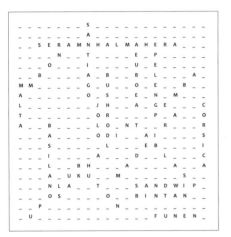

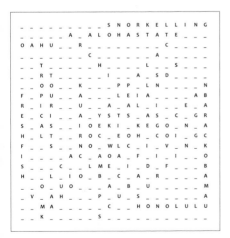

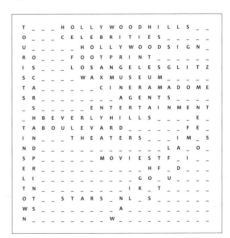

Page 35

```
_ _ _ _ N _ _ _ _ _ W _ D _ _ _ _ _
_ _ _ A _ _ _ _ _ _ O A _ _ _ _ _ _
_ _ E _ _ _ _ _ _ _ R R _ _ _ _ _ _
_ B M I T C H E L L _ N S L D _ _ _
_ _ _ M A R M S T R O N G C O E _ _
_ S _ A _ _ _ _ C _ _ _ O V N _ _ _
_ C _ _ T _ R O O S A _ T E _ _ _ _
_ H C _ _ B T _ _ _ _ _ A _ T L _ _
_ M O _ _ O I _ _ _ _ _ N _ L _ _ _
S I L _ _ R _ N _ _ W H I T E D _ _
T T L _ _ M N _ G _ _ _ _ _ _ E _ _
A T I _ _ A _ _ _ L _ _ _ _ _ R _ _
F _ N _ N N _ _ _ _ Y K _ _ _ T E S
F _ S R _ _ _ _ _ _ _ U _ _ T L _ _
O _ E _ _ G _ _ D _ _ _ I E _ _ _ _
R C _ _ N _ _ _ _ _ _ V S _ _ _ _ _
D _ _ _ U _ _ _ _ _ _ _ I I _ _ _ _
_ _ _ _ O _ _ I R W I N D E _ _ _ _
_ _ Y _ _ _ _ _ _ C A L D R I N _ _
_ _ _ _ _ _ _ _ _ _ M _ _ _ _ _ _ _
```

Page 37

```
S C O T C H E G G _ C O T T A G E P I E
_ _ _ _ _ _ J E L L I E D E E L S _ _ _
B C O R N I S H P A S T Y _ _ _ _ _ _ _
E _ B A N O F F E E P I E _ _ _ _ _ _ _
A _ _ _ _ _ _ _ I _ _ _ _ _ _ _ _ _ _ _
N _ _ _ _ _ _ _ P _ _ H A G G I S _ _ _
S _ _ _ B A K E W E L L T A R T _ _ _ _
O _ _ _ _ R _ _ _ P I C K L E D E G G S
N _ _ O _ _ _ _ S D _ F T _ B B _ _ _
T _ P _ _ Y _ S U _ _ I R _ E A _ _ _ _
O _ L _ _ L _ E _ _ M _ R S I _ E C _ _
A _ A O _ M _ _ _ _ P H O H F _ F O _ _
S _ P M N _ _ _ _ L O A A L _ C N _ _ _
T _ Y _ O B _ _ _ I T S N E _ O A _ _ _
_ _ L _ T _ C _ _ N P T D _ B N _ _ _
_ O _ E _ _ _ H _ G O B C _ B D _ _ _ _
R _ _ _ _ _ _ _ O _ S T E H _ L E _ _ _
_ _ _ _ _ _ _ _ _ P _ _ E I _ E G _ _ _
_ P O R K C H O P _ _ S _ F P _ _ R G _
_ _ _ _ _ _ _ K I P P E R S S _ _ _ S _
```

Page 39

```
_ _ _ _ _ _ _ B U L G E S _ _ _ _ _ _
_ _ _ _ _ P O O L R _ F I G U R E _ _
_ _ _ _ _ _ W _ U _ _ _ _ T _ H _ _ _
_ F _ L _ _ H _ N _ _ _ _ _ I T F _ _
_ W I _ O _ _ I L _ _ _ _ _ L G _ A _
_ E T _ C _ P R E M _ _ S A _ _ H _ T
_ I N _ K _ U L _ O U _ E L _ _ T _ _
_ G E _ E _ S P _ T S _ H _ _ I _ _ S
_ H S _ R _ H O _ A C _ _ S _ M _ _ _
_ T S _ _ U O _ R L _ _ I _ _ _ _ _ _
_ _ _ _ P L _ D E T _ _ _ Z _ _ _ _ _
_ S _ _ _ S _ _ S S R _ _ M E _ _ _ _
_ H _ M A S S A G E _ I _ A _ _ _ _ _
_ O _ E X E R C I S E M _ E _ _ _ _ _
_ W _ F _ F I R M U P T B I C Y C L E
_ E _ _ _ L _ S _ _ S A S _ _ _ _ _ _
_ R _ _ _ G A _ W _ _ P A _ M _ T _ _
_ _ _ _ O _ _ P _ I S _ _ U _ Y _ E _
_ _ _ _ J _ _ _ P _ M _ _ N G _ I _ _
_ M E A S U R E _ Y _ _ _ A _ D _ _ _
```

Page 41

```
_ C M _ _ _ _ _ _ _ _ _ _ R _ _ _ _ _
F O O _ _ _ _ _ _ _ _ A _ _ _ _ _ _ _
I N O _ _ _ _ _ _ _ T _ _ D _ S _ _ _
N T N _ _ _ E _ S _ _ _ I _ E Y _ I _
G U B _ _ _ K _ R _ _ Y H _ Y R _ _ G
E S L _ _ U _ E _ L C _ E O _ _ _ O _
R I U _ D _ Y H _ E R _ Y V _ _ _ _ S
T O E R _ A T _ T O _ N I _ _ _ _ _ A
I N I _ D O _ _ A K _ O D N I _ _ _ I
P S _ N N _ L C _ B N O _ _ W _ _ L _
S _ U A _ _ A _ E A I _ _ _ I _ _ I _
_ F _ _ _ L _ Y T _ _ _ _ _ S _ N _
_ H _ _ B _ _ N I _ _ _ _ _ H G _ _
_ E _ _ _ _ _ O T _ _ _ _ _ _ _ _ _
_ Y _ _ _ _ B S _ _ _ _ _ _ _ _ _ _
_ L _ _ _ E R _ _ _ O V E R J O Y E D
_ O _ _ _ E P A R T T I M E L O V E R _
_ V _ _ P _ D O I D O _ H O L D M E _ _
_ E _ U _ _ M A S T E R B L A S T E R
_ _ S _ _ _ _ F R O N T L I N E _ _ _ _
```

Page 43

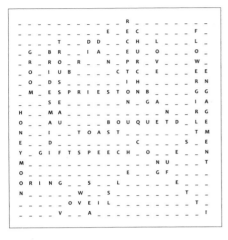

```
- - - - - - - - - R - - - - - - -
- - - - - - E - E C - - - F -
- - - T - - D D - - C H - L - L
- G - B R - - I A - - E U - O - - O
- R - R O - R - - N - P R - V - - W
- O - I U B - - - C T C - E - - E E
- O - D S - - - - - I H - - - R N
- M - E S P R I E S T O N B - - G G
- - - S E - - - - - N - G A - - I A
H - - M A - - - - - - - - N - - R G
O - - A U - - - B O U Q U E T D - L E
N - - I - - T O A S T - - - - - T M
E - - D - - - - - C - - - - S - E
Y - G I F T S P E E C H - O - - E - N
M - - - - - - - - - - - - - N U - - T
O - - - - - - - E - - G F - -
O R I N G - - S - L - - - - E - - -
N - - - - - W - - - - - - - T - -
- - - - - O V E I L - - - - - - T - I
- - - - V - - A - - - - - - - - I
```

Page 45

```
- - - - - - - - - C H - - - - - -
- - R U C K S A C K - - - - A - I - -
- - - - B - - - - - - R L - K - -
- - - - - - O - - - - A - - I -
- R O P E - - - O - - - O V F I R E N -
- - - - P - - - T - C - A - - - - G
W A T E R A - - - S R - - N - - - -
- - - - - E - N - - A - C O M P A S S - -
- - - - - G - - H - - - - - - - -
- - - - - G - - C - - - - - - - E -
- - - - - S - - E C A M P S I T E - V -
- - - - - - - F E - M A P - - - O - - -
- - - - - - I U - M A T C H E S T T E N T
- - - - - L C - E - - - - - S - - -
- - - - D E E R - - - - - - -
- - L B L U - - - - S L E E P I N G B A G
- I R T T - - - - - - - - - - - -
W A T A - - - - - - - - - - - - -
B E N F L A S H L I G H T - - - - - -
K - T R E E S - - - - - - - L A M P
```

Page 47

```
- - - - - - - - - - - - - - - - -
- - - - - - - - - - - - - A E -
M - - - - - - - - - - - - R P - M
I - - L - - - - - - - - - R S - N A
T - - A A - - - - - - - A A - - O C
C - - D - C - - - - - Y P - M - R L
H - - W A - H - - - M - - U - M E
E - - - A - R - L - - - A - - O R - A A
L - - R - G L - A - - C - - O - R - N Y
- - - R F - O I - N - - - C - - A - -
- - - E - O - U N - - R - A Y - - -
- - - - G - - - R - L G - A - I - -
N - - - O - - N T - B B - R - - - -
M - - - - A - - E - U O D A W S O N - -
M - - - G - - - - S T R - - - -
O - - O - - - - - C C - N - -
I - B - - - - - I - - U - - - -
- - - - - - V - - G E O R G I N A - -
- - - - - - A S H B U R T O N - - -
```

Page 49

```
M O T T E R - - - - - - - - - - -
O - - - - - - - - - - R - - - M - - -
U - - - H - - - - - - A - - - O - -
S - - - A - - - - - - T W - - L - -
E - - S - - R - - - T - E - - - E -
- V - - Q - - E - I - - R - - - -
- O - - - U - - B - - H - - - - -
L - - - I B - - S - - - - - - -
- E - - - A R - - W E A S E L - -
- - - - R - - R - - - - - - - - -
- - - B E A V E R E - - - - - - -
- - - - - - - - B - - L - M A R M O T -
- - - - K - - - E - - - - - - -
- - - N - - - - A - L - - - - - -
- - U - - - - - - R E - - - R F - -
- K - - B A D G E R - M - - E S O -
S - - - - - T O A D M - E B N X - -
W O L F - - - - - - - - - I D - A A - -
- - - - - - - - - - - - - N - - T K - -
- - C H I P M U N K - G - - - E - - -
```

Page 51

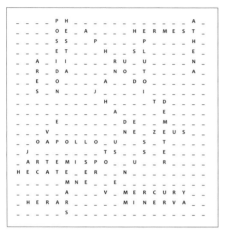

Page 53

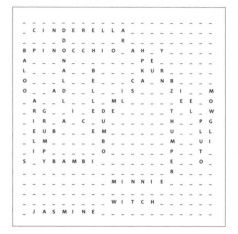

Page 55

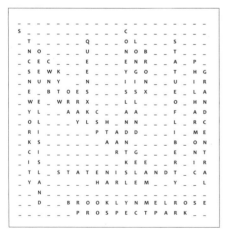

Page 57

```
_ _ G _ S A H A R A D E S E R T _ _ _ _
_ _ U G _ _ _ M O U N T F U J I _ _ _ _
_ _ I R _ I G U A Z U F A L L S _ _ _ _
_ _ L A _ _ G I A N T S E Q U O I A _ _
_ _ I N _ _ _ _ _ _ _ _ _ _ _ _ _ _ _
B _ N D _ _ _ _ _ _ _ _ _ _ _ _ _ _
U _ C C _ _ _ _ _ U L U R U _ _ _ _
N _ A A _ G I A N T S C A U S E W A Y
G _ V N _ _ A M A Z O N I A _ _ _ _
L _ E Y _ _ _ _ _ _ _ _ K _ _ _ _
E _ S O _ _ _ _ _ _ _ _ I _ _ _ _
B _ _ N _ _ _ _ _ _ _ N I L E _ _ _
U M O U N T E R E B U S _ _ _ _ A _ _
N G O B I D E S E R T _ _ _ _ _ U _ _
G D E A T H V A L L E Y _ _ _ _ E _ _
L N G O R O N G O R O C R A T E R _ A _
E _ _ _ _ _ _ _ _ _ M O N T B L A N C _
S _ _ _ _ _ _ _ _ _ E A R T H _ _
_ _ O L D F A I T H F U L _ _ _ _
_ M O U N T E V E R E S T _ _ _
```

```
_ _ _ _ _ _ _ _ H O N E Y S U C K L E
_ _ _ _ _ L I L Y O F T H E V A L L E Y M
L _ _ _ _ _ _ _ _ _ _ E _ _ C _ O
_ I H Y D R A N G E A _ _ _ L R _ L _ R
_ R L _ _ F _ _ _ _ _ _ E O _ E B N
_ H _ A _ _ O _ _ _ _ _ P S C M L I
B O _ _ C _ G U _ _ _ _ H E H A A N
A D _ _ _ A L R _ _ _ _ A S R T C G
B O _ _ _ C _ M A O _ _ N _ Y I K G
Y D _ _ _ A _ A D C _ _ T _ S S E L
S E _ _ _ _ C _ R I L _ E _ A _ Y O
B N _ _ _ A T A Y O O _ A _ N _ E R
R D _ _ _ I A I U _ L L C R _ T _ D I
E R _ _ _ S _ H S _ S _ L I K _ H _ S E
A O _ _ H _ T _ _ T _ F _ I _ _ E _ U S
T N _ C _ Y _ _ _ E L _ S _ M _ S _
H _ U _ S _ _ _ _ _ R _ O _ _ U _ A _
_ F _ R _ _ C O L E U S _ W _ M _ N _
_ _ O _ _ _ _ _ _ _ M U M S _ E S _ _ _
_ F _ C H E R R Y B L O S S O M R _ _ _
```

```
_ _ _ _ _ _ _ Y _ _ _ _ _ _ _ _ _ _ _
_ E R I K A N _ _ _ _ E A R L _ _ L C _
_ _ _ _ _ N _ _ _ _ _ _ _ _ _ _ A L _
_ _ _ _ _ A O D E T T E _ L I S A _ R A _
_ H D _ _ _ _ _ _ _ _ _ _ _ _ _ R U _
B _ E _ _ _ _ J O A Q U I N _ Y D _
_ I _ _ N _ _ F _ _ _ _ _ _ _ _ E _
_ _ L _ R _ _ I _ _ _ _ _ _ _ _ T _
_ _ L D I _ O K _ _ _ N _ _ _ _ E _
M _ _ A _ _ N A _ O _ _ _ _ _ E _
_ I _ _ _ N _ _ A R _ T K A T R I N A _
_ N _ I _ _ L S _ _ _ _ _ _ _ _
_ _ D _ E _ _ A _ _ _ _ _ _ _ _
_ _ _ Y L _ _ G _ _ _ B O N N I E _
_ _ _ _ L N I C O L E _ _ _ _ _ _
_ _ _ _ _ E _ _ _ _ _ _ _ _ _ _
_ _ K A T E _ _ _ A L E X _ _ _ _ _
_ _ _ M A T T H E W _ _ _ _ _ _ _ _
_ _ _ _ _ _ _ _ _ _ _ _ _ _ _ _ _
_ _ _ _ _ _ C O L I N _ _ J U L I A _ _ _
```

```
_ _ _ _ _ _ _ _ _ _ D _ _ _ _ _ _ _ _
_ _ _ _ M _ _ _ _ _ I _ _ _ _ _ A _
L _ _ A _ _ _ _ _ _ R _ _ _ _ O O _
I _ _ N _ _ T _ R _ H _ _ _ B R _ _
R _ _ A _ A _ _ A K _ L U _ _
A _ _ T Y _ _ N M _ W A E _ _
_ _ K L _ _ _ _ D _ B A _ _
_ _ _ E _ _ _ _ _ _ D N _ _
_ P U L A _ K _ _ _ _ _ _ O Z _ _
_ _ _ _ R _ _ _ _ _ P _ _ L A _
_ _ _ _ _ U _ _ _ E _ _ L _
_ _ D _ _ _ P _ _ S _ M _ _ A _
P _ I _ _ _ _ E _ _ O A _ _ _ R
O _ _ N _ _ _ _ E _ R _ _ _ _
U _ _ A _ _ _ _ D _ _ _ _
N _ _ _ _ _ R _ _ _ _ F L O R I N _
D _ P E N N Y _ _ _ _ _ _ _ _ _ _ _
_ _ _ _ C O R D O B A O R O C E N T _ _
```

Page 67

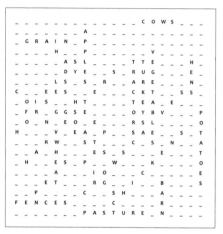

```
_ _ _ _ _ _ _ _ _ _ _ _ C O W S _ _ _
_ _ _ _ _ A _ _ _ _ _ _ _ _ _ _ _ _
_ G R A I N _ P _ _ _ _ _ _ _ _ _ _
_ _ _ _ H _ _ P _ _ _ _ _ V _ _ _ _
_ _ _ _ A S L _ _ T T E _ _ _ _ H _
_ _ _ _ D Y E _ _ S _ R U G _ _ E _
_ _ _ L S _ S _ R _ A R E _ _ N _
C _ _ E E S _ _ E _ _ C K T _ _ S S _
_ O I S _ _ H T _ _ T E A _ E _ _
_ F R _ G G S E _ _ _ O Y B V _ _ P
_ O _ N _ E O _ E _ _ R S L _ _ _ O
H _ _ _ V _ E A _ P _ S A E _ _ S T
_ _ _ R W _ _ S T _ _ C _ S _ N _ A
_ A _ H _ _ _ E S S _ _ _ E _ T
_ H _ _ E S _ P _ W _ _ K _ _ O
_ _ _ _ A _ _ I O _ _ C _ _ _ E
_ _ _ E T _ _ R G _ I _ _ B _ _ S
_ _ P _ _ _ C _ S H _ _ A _ _ _
F E N C E S _ _ C _ _ _ R _ _
_ _ _ _ _ P A S T U R E _ N _ _
```

Page 69

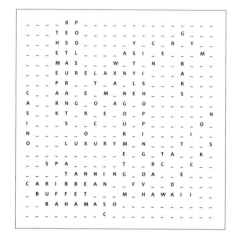

```
_ _ _ _ _ R P _ _ _ _ _ _ _ _ _
_ _ _ T E O _ _ _ _ _ _ _ _ G _ _
_ _ H S O _ _ _ _ Y _ C _ R _ Y _
_ _ E T L _ _ _ A S I _ E _ _ M
_ _ M A S _ _ W _ T _ N _ B _ _
_ _ E U R E L A X N Y I _ _ A _
_ _ P R _ _ T _ A L S _ _ R _
C _ _ A A _ E _ M _ N E H _ _ S _
A _ _ R N G _ O _ A G _ O _ _ _
S _ _ K T _ R _ E _ O _ P _ _ N
I _ _ _ S _ _ C _ _ U _ P _ _ _ O
N _ _ _ _ _ O _ _ R _ I _ _ I _ _
O _ _ _ L U X U R Y M _ N _ _ T _ S
_ _ _ _ _ _ _ _ E _ G _ T A _ _ K
_ _ S P A _ _ _ _ T _ R C _ C _
_ _ _ _ T A N N I N G _ O A _ E _
C A R I B B E A N _ F V _ D _ _
_ B U F F E T _ _ M _ H A W A I I
_ _ B A H A M A S O _ _ _ _ _ _
_ _ _ _ _ _ _ C _ _ _ _ _ _ _
```

Page 71

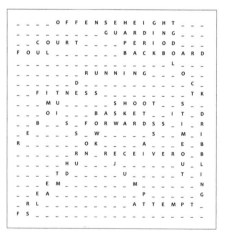

```
_ _ _ _ O F F E N S E H E I G H T _ _ _
_ _ _ _ _ G U A R D I N G _ _ _ _
_ _ C O U R T _ _ _ _ P E R I O D _ _
F O U L _ _ _ _ _ B A C K B O A R D
_ _ _ _ _ _ _ _ _ _ _ L _ _
_ _ _ _ _ R U N N I N G _ _ _ O _ _
_ _ _ _ D _ _ _ _ _ _ _ C _
_ _ F I T N E S S _ _ _ _ T K
_ _ M U _ _ _ S H O O T _ _ S _
_ _ O I _ _ B A S K E T _ _ I T _ D
_ B _ _ S _ F O R W A R D S S _ I _ R
E _ _ _ S _ W _ _ _ _ S _ M _ I
R _ _ _ _ O K _ _ _ A _ _ E _ B
_ _ _ _ _ R N _ R E C E I V E R O _ B
_ _ _ _ H U _ _ J _ _ _ _ U L
_ _ _ T D _ _ U _ _ T _ I
_ _ _ E M _ _ _ M _ _ _ N
_ _ E A _ _ _ _ _ P _ _ _ _ G
_ R L _ _ _ _ _ _ _ A T T E M P T _
F S _ _ _ _ _ _ _ _ _
```

Page 73

```
_ _ _ _ _ _ R _ S _ _ _ _ _ _ A _ _
N A Z A R E T H S _ _ _ _ _ _ _ N _ _
_ _ _ H _ _ O _ _ _ _ _ _ _ D _ _
_ _ C _ _ R _ _ _ _ _ _ _ R _ _
_ _ A _ _ C _ A P O S T L E S _ N E _ D
J E R U S A L E M _ _ _ A _ W _ I
T _ _ _ _ _ B A P T I S M I _ _ _ A S
T E M P T A T I O N _ E _ T _ _ E _ C
_ _ C _ _ _ _ _ M _ S L _ D C _ I
C _ H _ H _ _ A _ I U _ _ U _ A _ P
R _ O _ U _ _ _ J _ R A _ _ J _ R L
U _ L _ R _ _ _ H P _ _ R _ P _ E
C N Y _ C _ _ C _ _ _ E _ _ _ E M S
I A S M H _ _ _ _ S A L V A T I O N A _
F T P A _ _ _ _ _ _ O _ _ _ T T _
I I I N _ _ _ _ _ _ S _ _ _ _ E T _
X V R G O S P E L S _ _ _ _ M _ R H _
I I I E _ _ _ A _ _ _ _ _ _ A _ E _
O T T R _ _ _ P _ G A L I L E E _ R W _
N Y M I N I S T R Y _ _ _ _ _ _ _ Y _
```

Page 75

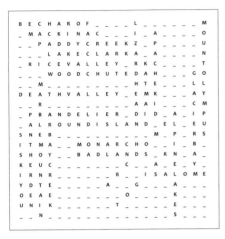

```
B  E  C  H  A  R  O  F  _  _  _  _  L  _  _  _  _  _  M
_  M  A  C  K  I  N  A  C  _  _  _  I  _  A  _  _  _  O
_  _  P  A  D  D  Y  C  R  E  E  K  Z  _  P  _  _  _  U
_  _  _  L  A  K  E  C  L  A  R  K  A  _  A  _  _  _  N
_  R  I  C  E  V  A  L  L  E  Y  _  R  K  C  _  _  _  T
_  _  _  W  O  O  D  C  H  U  T  E  D  A  H  _  _  G  O
_  M  _  _  _  _  _  _  _  _  H  T  E  _  _  L  L
D  E  A  T  H  V  A  L  L  E  Y  _  E  M  K  _  _  A  Y
_  _  R  _  _  _  _  _  _  _  A  A  I  _  _  C  M
_  P  B  A  N  D  E  L  I  E  R  _  D  I  D  _  A  I  P
_  A  L  R  O  U  N  D  I  S  L  A  N  D  _  E  L  _  E  U
S  N  E  B  _  _  _  _  _  _  _  _  _  _  M  _  P  R  S
I  T  M  A  _  _  M  O  N  A  R  C  H  O  _  _  _  I  _  B  _
S  H  O  Y  _  _  B  A  D  L  A  N  D  S  _  K  N  _  A  _
K  E  U  C  _  _  _  _  _  _  C  _  _  A  _  E  _  Y  _
I  R  N  R  _  _  _  _  _  R  _  _  _  I  S  A  L  O  M  E
Y  D  T  E  _  _  _  _  A  _  G  _  _  _  A  _  _  _
O  E  A  E  _  _  _  _  _  O  _  _  _  K  _  _  _
U  N  I  K  _  _  _  _  T  _  _  _  _  _  E  _  _  _
_  _  N  _  _  _  _  _  _  _  _  _  _  _  _  S  _  _
```

Page 77

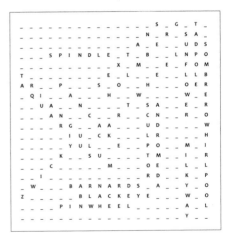

```
_  _  _  B  A  L  T  I  M  O  R  E  O  R  I  O  L  E  _  _
_  _  _  _  _  W  I  L  L  O  W  P  T  A  R  M  I  G  A  N
_  B  _  I  _  _  C  _  _  _  _  R  E  _  _  _  _  _
_  R  B  L  _  A  _  _  _  H  A  _  B  M  _  C
_  O  R  L  _  _  L  _  C  R  _  O  S  _  L  O  _  A
_  W  O  O  _  _  I  _  A  O  _  D  T  _  U  C  C  C
_  N  W  W  _  _  F  _  L  B  R  E  E  R  E  K  H  T
_  H  _  T  N  G  _  _  O  _  I  I  O  I  R  U  H  I  I  U
_  E  _  H  P  O  _  F  R  C  F  N  A  S  N  F  E  N  C  S
_  R  N  R  E  L  _  L  N  A  O  _  D  L  G  F  N  G  K  W
_  M  E  A  L  D  _  Y  I  R  R  _  R  A  O  E  C  B  A  R
_  I  N  S  I  F  _  C  A  D  N  _  U  N  L  D  H  I  D  E
_  T  E  H  C  I  _  A  Q  I  I  _  N  D  D  G  I  R  E  N
_  T  _  E  A  N  _  T  U  N  A  _  N  R  F  R  C  D  E  _
_  H  _  R  N  C  _  C  A  A  G  _  E  E  I  O  K  _  _  _
_  R  _  _  H  _  H  I  L  U  _  R  D  N  U  E  _  _  _
_  U  _  _  _  _  E  L  _  L  _  _  _  C  S  N  _  _
_  S  _  _  _  _  R  _  L  _  _  H  E  _  _  _  _
_  H  _  M  O  U  N  T  A  I  N  B  L  U  E  B  I  R  D  _
```

Page 79

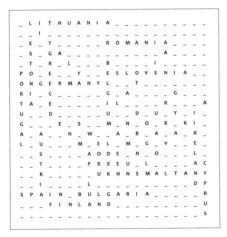

```
_  L  I  T  H  U  A  N  I  A  _  _  _  _  _  _  _  _  _
_  _  I  _  _  _  _  _  _  _  _  _  _  _  _  _  _  _
_  E  _  T  _  _  _  _  _  R  O  M  A  N  I  A  _  _  _
_  S  _  G  A  _  _  _  _  _  _  _  _  A  _  _  _  _
_  T  _  R  _  L  _  _  B  _  _  _  _  I  _  _  _  _
P  O  _  E  _  _  Y  _  E  S  L  O  V  E  N  I  A  _  _
O  N  G  E  R  M  A  N  Y  L  _  _  T  _  _  _  _  _  _
R  I  _  C  _  _  _  _  G  _  A  _  _  _  G  _  _  _  _
T  A  _  E  _  _  _  I  _  L  _  _  R  _  _  _  A
U  _  D  _  _  _  _  U  _  _  D  _  U  _  Y  _  I
G  _  _  E  _  _  S  _  M  _  N  _  O  _  R  _  K  I
A  _  A  _  N  _  W  _  _  A  _  B  _  A  _  R  _
L  _  U  _  _  M  _  E  L  _  M  _  G  _  V  _  E  _
_  _  S  _  _  _  A  O  D  E  _  N  _  O  _  _  L  _
_  _  T  _  _  _  P  R  X  E  U  _  L  _  _  _  A  C
_  _  R  _  _  _  _  _  U  K  H  N  S  M  A  L  T  A  N  Y
_  _  I  _  _  L  _  _  _  _  _  _  _  _  _  _  D  P
S  P  A  I  N  _  B  U  L  G  A  R  I  A  _  _  _  _  R
_  _  _  F  I  N  L  A  N  D  _  _  _  _  _  _  _  U  S
```

Page 81

```
_  _  _  _  _  _  _  _  _  _  _  _  S  _  G  _  T  _  _
_  _  _  _  _  _  _  _  _  _  _  N  _  R  _  S  A  _  _
_  _  _  _  _  _  _  _  _  _  A  _  E  _  _  U  D  S
_  _  _  S  P  I  N  D  L  E  _  T  _  B  _  _  L  N  P  O
_  _  _  _  _  _  _  _  X  _  M  _  _  E  _  F  O  M
T  _  _  _  _  _  _  E  _  L  _  E  _  _  L  L  B
A  R  _  P  _  _  _  S  _  O  _  H  _  _  O  E  R
Q  I  _  _  A  _  _  H  _  W  _  _  W  _  E  _
_  U  A  _  N  _  _  _  T  _  S  A  _  E  _  R
_  _  A  N  _  _  C  _  R  _  _  C  N  _  R  _  O
_  _  R  G  _  _  A  A  _  _  U  D  _  _  _  O  W
_  _  _  I  U  _  C  K  _  _  L  R  _  _  _  H
_  _  _  Y  U  L  _  _  E  _  _  P  O  _  M  _  I
_  K  _  _  S  U  _  _  _  T  M  _  _  I  _  R
_  C  _  _  _  M  _  _  O  E  _  L  L  _
_  I  _  _  _  _  _  _  _  R  D  _  K  _  P
_  W  _  _  B  A  R  N  A  R  D  S  _  A  _  _  Y  _  O
Z  _  _  _  _  B  L  A  C  K  E  Y  E  _  _  _  W  _  O
_  _  _  _  P  I  N  W  H  E  E  L  _  _  _  _  A  _  L
_  _  _  _  _  _  _  _  _  _  _  _  _  _  _  _  Y  _  _
```

Page 83

```
- - - - - - - - - - - - - S - -
- F - - - - - - - H - - N - E - -
- A - - - - - - - I A - G - S - S
- I - - - R - - - - I G A _ S _ P
- R - - - E - M - - T M R H E - I
- B - - - - S - - I U - O C O W H
- A G - - R O - - E N H _ N K S A -
- N L - - E U L - C I A - E I _ Y -
- K A - - I R A - N - C N S - O N -
- S C - - N C _ A L _ I G _ I _ L -
- _ I - - D E - O _ U _ _ _ L _ E -
W M E H _ E S - V - R _ _ _ F _ _ Y
E O R U _ E - - C - - - - - I - - T
A U S N - R - F I S H I N G E _ S I
L N _ T W I L D L I F E - - L _ A N
T T - I - - - - - - - - D V - - - U
H A - N - - R O C K I E S - - S - N I
- I - G - - - - - - - - - - - O - T
- N T O U R I S M - - - - - - M - -
- S - - - - A R C T I C - - - - E - -
```

Page 85

```
S - - - - - - - - - - - - - - - - - -
- C - - - - - - D D E S T I N A T I O N
- M A - - - - I - D I S T A N C E - - -
- I - L - R - - - - - - S - - - - - - -
- L M - E G - - - S - - R - - - - - - O
N E O T - - - - T - - E - - C R - - R
A A U O - - - I - S B R - - O O H - I
T G N W - - X - E M - O - - L U I - E
I E T N - E - R U C - A - S O T G - N
O - A S - - U N - O - D - E U E H - T
N - I - - T - - O - S C C R - W - A
A - N R - A - - - R - - I O S - A T
L - - L E G E N D - D - - T N - - Y - I
P - - F R S - - - - I L - I D - - S - O
A - - - - I O - - - N A - E A - - N -
R - - - - - V R - - A K - S R - - -
K - - - - E T - T E - - - Y - - -
- - - - - - - - R S E S - - - - - -
O V E R V I E W _ S S - - - - - - - -
```

Page 87

```
- B - - - - - - - P - - - - - - -
- O - - - - - - - A - - - - - - -
- G - - - - - - - N - - - - - - -
- O - - P - - - - I M A C A U - -
- R - - A - - - - H - - - - - - -
- - - - T - - - - A C A L O O C A N - -
- - - - E I - T - - - - P A R I S -
- - - - R - T - I - S E R A M P O R E -
- N - - O - O A - - I C - - - - - A
- A - - S R - G - T - H - - B - - D L
A I - - I - - - - A - - E - A N - H L
H H - A - - I - K - R - N - - R A - A A
M A C - - H - A I - - H N - A V - K H
E T - - L - M M - - - - I - - N O - A B
D I - E - - U - - - - - - I - - G T - - A
A - D - - B - M A L A B O N A - - - D
B - - M A N I L A - - - - - - R S - -
A - - K - - - - - - K O L K A T A - -
D - U - - - - - N E A P O L I - - - -
- S - - - - - - - V I N C E N N E S -
```

Page 89

```
- - - - - - - - - - - - - - M - - - -
F - C A S T R O N E V E S - O - - - -
L - - - - M E A R S - - - I N - - - -
A V R U T H E R F O R D - D - T - - - -
H I - - - - - - R I C E L - - O - - K -
E L - F W H E L D O N A - - Y - C C -
R L - R S N E V A - P - - - A O - - H
T E - A - - - - R I - - - - C - - - E
Y N - N - - - - T A - - - N - - - - E
- E - C - - - T - - H K H H - - - - V
- U - H - - I - - S C A O O D I X O N E
- V - I - F - - K A - J L - R - - - R
- E - T U - N R - L - - - N - - - - -
- - - - T - N A B - - - - U - - - I - -
- - - - I - H S - R - - - Y - - - S - -
- - - - - - - E - O - - - E - - - H -
- - - - L A Z I E R R - B - - N - - - -
- - - - - K E E C H S - - - D - - - -
- - - - - - - - - E - O - - Y - - - -
- - - - - S U L L I V A N N - - - K -
```

Page 91

```
_ _ _ _ T _ _ _ _ S _ _ _ _ S _ _ _ _ _
_ L _ _ W _ _ _ _ _ E _ _ G D I R T _ _
_ O _ _ O L _ _ _ _ H _ A N _ _ _ _ S _
_ U _ _ M A T _ _ _ O O H _ _ _ _ W _ _
_ I _ _ I W _ I _ _ L R _ E _ _ _ A _ _
_ S _ _ N R _ _ M R _ _ S _ R _ _ L _ _
_ V _ G U I _ _ U T _ _ _ E _ O _ E _ _
_ I _ O T N _ F _ _ A _ S _ R _ _ _ _ _
_ L _ F E _ N S _ T A M _ A _ A _ _ N _
_ L _ O S E _ T B H F _ _ _ T _ C W _ _
_ E _ R T _ _ A I O F _ _ _ _ U O E _ _
P _ _ G _ _ K G R I _ _ _ _ R R _ _ _ _
_ O _ I _ _ _ _ E B O R _ _ C _ _ D _ _
_ _ N N _ _ _ S R U M _ E _ _ Y _ A _ _
N E E D L E S _ O G E _ L _ A _ _ _ Y _
_ _ _ _ E _ _ _ W H D P _ _ M _ _ _ _ _
_ _ _ _ _ R _ _ N B I B A R B A R O _ _
A R I S T I D E S R _ _ G I A C O M O _
_ _ _ _ _ _ _ _ _ T E _ _ _ _ _ _ _ _ _
_ _ _ _ _ _ _ _ _ D _ _ _ _ _ _ _ _ _ _
```

Page 93

```
_ _ _ _ _ S P E A R F I S H _ _ _ _ H _
W _ Y _ _ _ _ _ _ _ _ _ _ _ _ _ _ _ A _
I _ A _ _ _ _ _ J E W E L C A V E R _ R _
N _ N _ _ _ _ _ _ _ _ _ _ _ _ _ _ _ N _
D _ K _ _ _ _ P I N E R I D G E _ _ E _
C _ T A P _ _ _ _ _ _ _ _ _ _ _ _ _ Y _
A _ O B D I B R O O K I N G S _ _ _ P _
V _ N E E _ E _ _ _ _ _ _ _ _ _ _ _ E _
E _ G R A _ R _ _ _ _ _ _ _ _ _ _ _ A _
B B O D D _ _ _ R _ _ _ _ _ _ _ _ _ K _
A O L E W _ _ _ _ E _ R A P I D C I T Y
D X D E O _ B I G S I O U X _ _ _ _ _ _
L E R N O _ _ J A M E S R I V E R _ _ _
A L U _ D _ H U R O N _ _ _ _ _ _ _ _ _
N D S _ _ _ B R A N D O N _ _ _ _ _ _ _
D E H _ _ _ _ _ _ _ _ _ _ _ _ _ _ _ _ _
S R _ B L A C K H I L L S _ _ _ _ _ _ _
_ _ _ _ _ _ _ _ _ L A K E O A H E _ _ _
E A S T R I V E R W H I T E R I V E R _
_ _ _ _ _ _ _ _ _ _ S I O U X F A L L S _
```

Page 95

```
_ _ _ _ _ R _ _ _ _ L _ J A C K S O N _
_ _ _ _ E _ _ _ _ _ A A _ _ _ _ _ _ _ _
_ _ _ V _ A U G U S T A N T _ _ _ _ _ _
_ _ N _ _ _ _ _ _ _ _ _ S L _ _ _ _ _ _
_ E _ H A R R I S B U R G _ I A _ _ _ _
D _ _ _ _ _ _ _ _ _ _ _ _ N N _ _ _ _ _
_ _ _ _ C H E Y E N N E _ _ G T _ _ _ _
_ _ _ _ _ A L B A N Y _ _ _ _ _ A _ _ _
_ _ _ _ _ _ B O I S E _ _ _ _ _ _ _ _ _
_ D E S _ M O I N E S _ _ _ _ _ N R H _
_ _ N _ P _ _ _ _ _ D _ _ O E G U _
_ _ A _ H _ _ _ _ O _ _ T I I A S _
_ _ S H O _ _ _ A V _ N L E E U _
_ _ H O E _ _ _ _ N _ E E E L N B _
_ V N N _ _ _ E _ A R P A U M _ _
_ I O I _ _ _ L _ K T T R J U _ _ _
_ L L X _ E _ E _ N _ _ L _ _ _ _ _
_ L U _ H _ P _ O _ _ O _ _ _ _ _
_ E L _ _ O _ M _ _ C _ _ _ _ _ _
_ _ _ U _ T M O N T G O M E R Y _ _ _
```

Page 97

```
S _ _ _ _ _ _ M O R E N O V A L L E Y _
U _ S _ _ _ _ _ I R V I N E _ _ _ _ _ _
N _ A _ _ _ _ _ _ R I V E R S I D E S _
N _ N _ S T O C K T O N _ _ _ _ _ _ A _
Y _ J M A N A H E I M F R E M O N T N _
V _ O O _ _ _ _ _ _ _ _ _ _ _ _ _ D _
A O S D _ _ _ C _ _ _ _ H _ _ _ _ I _
L C E E _ _ _ H S _ A _ _ _ _ E _
E E _ S _ _ L E U _ _ _ Y _ _ G S
_ A _ T F _ _ L O _ L _ _ _ W _ _ O A
_ N _ O _ O E S A N T A A N A _ A _ _ N
_ S _ _ G N _ _ G E V _ _ _ R _ F
_ I _ _ N _ F T _ _ _ B S I _ _ _ D R
O D _ A _ _ R _ A _ _ _ E C S _ _ _ A
A E S _ _ _ E _ N _ _ _ A O T _ _ _ C
K O _ _ _ S _ _ A _ _ C N A _ _ _ C
L _ _ _ _ _ N _ _ _ _ _ _ _ H D _ _ I
A _ _ _ _ _ O S A C R A M E N T O I _ S
N _ _ _ _ _ G L E N D A L E _ _ _ D C
D _ _ _ _ _ B A K E R S F I E L D O
```

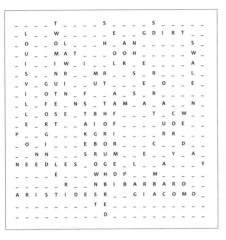

```
_ _ _ _ J A C A R A N D A _ _ _ _ _ _ _
_ _ _ _ _ _ _ _ _ _ T U C U M A N D _
_ _ _ Q _ _ M _ _ _ _ _ _ _ _ L _ S
_ _ _ F U _ _ E _ _ _ _ _ _ E _ E _
_ _ _ O I _ _ _ R A _ _ _ I _ R _ _
_ _ _ _ R L _ A I L _ _ F _ I _ _ _
C O R D O B A M M N N _ O N _ A _ _ _ _
_ S A N L U I S O E _ D A _ S _ _ _ _
_ _ _ S _ _ G _ S S B E O _ _ _ A _ _
_ R _ _ A A _ E _ A _ N S _ _ T _ _
_ I _ _ L T N F _ _ _ E _ _ A _ _ P
_ O _ _ A A A T _ _ U _ _ L _ _ _ O
P C _ P _ T P _ A B _ _ P _ _ _ _ R
O U _ _ N _ _ L _ C G A L T I E R I _ T
S A _ A _ _ _ A _ R E _ _ _ _ _ _ E
A R S _ _ _ _ _ _ T D U _ _ _ _ _ N
D T R O S A R I O R A _ Z _ _ _ _ _ O
A O S A N R A F A E L _ S A N J U A N S
S _ _ _ _ _ M _ _ _ _ M E N D O Z A _
_ _ _ _ C A T A M A R C A _ _ _ _ _
```

```
_ _ _ _ _ T _ _ _ _ _ T L _ _ _ _ _
_ _ _ _ I _ _ _ _ N E _ _ _ _ _
_ _ _ S _ _ _ _ E T _ _ C _ _ _ _
_ _ D _ _ _ M O _ _ _ O H _ _ _
_ E _ _ _ M T H _ _ _ N _ T _ O _
B _ H U T A R _ _ _ O H _ T _ U _ _
_ _ _ W A _ _ I _ O _ A _ _ S _
_ _ G P S _ _ _ S _ _ U _ G _ _ L E
_ I A _ H _ N _ _ S _ E _ E _ M
W _ _ A _ A _ _ _ E _ N T _ A
_ _ _ C M _ _ _ _ B _ A S _ _ I
_ _ K _ _ _ _ _ O V O _ _ _ S
C _ _ P A L A C E _ _ A H _ T _ _ T O
H _ L O G C A B I N R T _ _ _ E U _ N
_ A _ I G L O O _ A _ _ _ _ H N _ E
_ _ L _ _ _ _ C _ _ _ _ D _ _ T T
_ E _ _ F _ _ _ _ _ U _ _ _ T
_ _ T _ L _ _ M _ _ _ _ E
_ _ _ _ A _ B U N G A L O W _ _
_ _ _ _ _ T _ _ _ _ _ _ _
```

```
_ _ _ _ _ A _ _ _ _ _ _ _ _ _
_ _ _ _ D _ _ _ _ M O R O C C O _ _ _
_ _ _ N _ _ _ _ _ _ N I G E R _ _
_ _ A _ _ _ _ _ _ _ _ _ A _ _
_ W _ E T H I O P I A _ _ S _ _ I _
R _ _ _ _ _ _ _ _ U _ U R _ _
_ _ M A L I _ _ _ _ G E D _ _ _
_ S O M A L I A _ _ _ G A _ A _ _ _
_ _ _ _ _ L _ S L _ _ N _ N _ _
_ _ _ _ A _ _ I A E C H A D _ _ _
_ _ _ N _ _ B B N N _ _ _ A _ _
_ _ A _ _ _ O E A E _ _ _ _ _
_ H _ _ A N G O L A T R M G _ _ _ M
G _ G _ _ _ A _ S I I A _ _ A
_ B A _ _ I _ _ _ _ W A B L _ L
_ E _ B _ B _ _ _ _ A _ I _ A
_ N _ _ O M _ _ _ _ N _ A W
_ I _ _ A N _ _ _ _ _ A _ I
_ _ _ N E G Y P T K E N Y A _ _ _ _ _
_ _ _ _ Z A M B I A _ _ _ _ _
```

```
_ _ _ _ _ _ _ A _ _ _ _ _
_ L _ B _ _ _ _ E _ _ _ A R T _ _
_ A _ N U _ _ D _ _ _ S _ _
_ N _ A T _ I _ _ _ _ W _ _
_ D _ _ T T _ _ _ E E _ _
_ S _ _ D U E _ _ T _ E _ C _
_ C _ _ R _ R R _ _ I _ _ T _ R _
_ A _ _ E _ _ E F K _ _ S _ A _
_ P _ _ A _ _ _ L _ _ _ _ Y _
_ E _ _ M _ _ R Y _ P _ _ O _
_ B _ _ _ _ _ _ A _ _ A _ N _
_ I _ _ _ S F _ _ _ I _ T I _ S _
_ R _ _ K _ L _ _ _ N _ R N _ _
_ D _ C _ _ O _ _ _ _ B _ E T _
_ S O _ _ W _ _ _ _ O _ _ E _
_ C _ _ _ _ E _ _ O _ S K Y W _ S
_ A _ _ _ _ _ R _ _ O _ _ _
E _ _ T O Y S S _ F _ _ _ _
P _ C L O T H E S _ _ _ _ _
_ _ _ _ _ S C E N E R Y _ _ _ _
```